Research on the Innovation of Agricultural Land
System and Agricultural Management Mode

# IN CHINA

# 中国农地制度和农业经营方式创新研究

简新华 ——— 著

中国财经出版传媒集团
经济科学出版社
Economic Science Press

# 引言：
# 中国农村又一次走到了十字路口

2017年3月，笔者在昆仑策网上看到李昌平的一篇论述"三农"的文章——《解决三农问题，时不待我》，文中写道："'三农'问题是中国的重大问题，'三农'工作是重中之重""中国党和政府为解决三农问题非常非常努力了，不仅重视且投入是巨大的，这是有目共睹的。解决'三农'问题的成效如何？实事求是地说，有些方面确确实实是成效显著的，如基础设施建设和基本公共服务等；但有些方面是倒退的……为什么会这样呢？主要原因是：重视程度有余，实事求是不够""真的要实事求是，检讨、检讨、再检讨，再次解放思想来一次大讨论，以确定中国梦时代解决'三农'问题的方向、道路、战略、策略"。笔者虽然不完全赞同李昌平这篇文章中的观点和主张，但是也深深感到，中国农村又一次走到了十字路口，必须再次思考向何处去的问题。

1978年，中国9.6亿人中有7.9亿在农村，按照人均纯收入2300元（2010年不变价）的标准计算，全国有7.7亿贫困人口，缺衣少食、没有解决温饱问题，消费品特别是农产品严重短缺，绝大多数要定量配给、凭票供应、排队购买，不仅粮食、布匹、鱼、肉要凭票购买，甚至连火柴、肥皂、豆腐也要凭票购买，广大人民群众强烈要求发展经济特别是农业生产，解决温饱问题。所以，中国的改革首先从农村开始，主要是制度体制的变革和发展方式的转换。中国农村改革主要采取了两大措施：一是改变人民公社制度，实行家庭承包经营责任制，使农民获得土地的生产经营权，形成真正多劳多得的激励机制，调动广大农民从事多种生产经营的积极性、主动性、创造性；二是国家提高了农产品的收购价格，增加了农业投入，大幅度缩小了工农业产品"剪刀差"，改变了长期以来实行农产品国家统购包销，通过人为限制农产品买卖、压低农产品价格、提高工业品价格，把农业剩余变为工业利润和积累，主要用于发展重工业的做法，极大地增加了农民收入，进一步调动了农民生产经营的积极性、主动性、创造性，搞活了农产品的流通，增强了农业生产能力，促进了农林牧副渔业的全面发展。农村改革立竿见影，很快改变了农业生产停滞不前、农产品长期供不应求的严重短缺局面，直至取消了各种农产品的购买票证。

但是，从20世纪90年代末开始，农业落后、农民收入低、农村贫穷的"三农"问题日益凸显。作为国民经济基础产业的农业依然没有根本改变落后面貌，农业现代化滞后于工业化和城镇化，是整个社会主义现代化的薄弱环节，工农城乡差别扩大，大部分农村依然不富裕，有的甚至还相当贫穷，如何从根本上解决"三农"问题成为国家经济工作的重中之重，直接关系到能否成功实现社会主义现代化和中华民族的伟大复兴，中国农村的改革和发展又进入了一个重大的转折关头。

"三农"问题的产生与许多因素有关，合理有效地解决"三农"问题涉及经济、政治、社会、文化、资源、环境、国际背景等多方面的条件、理念、制度和政策，是一个极为复杂的系统工程。工业化、城镇化和农业现代化是现代化的基本内容，三者密不可分，相互制约、相辅相成；而农地制度和农业经营方式是实现农业现代化的核心问题，且与工业化和城镇化紧密相关。笔者的能力和研究有限，所以本书不能面面俱到、全面系统地论述"三农"问题，只是着重探讨和论述农地制度与农业经营方式的改革创新及其与工业化和城镇化的相互关系及协调推进。

中国现在"三农"问题突出的主要原因是什么？根本出路何在？农村改革和发展的目标模式是什么？也就是说中国农地制度究竟要改成什么样、农业生产经营方式和组织形式主要是什么、社会主义新农村的经济基础和政治制度又应该是什么？由于农地所有制、承包经营制度、农村建设用地制度、农民宅基地制度、农地征用补偿制度、承包地经营权转让制度、流转制度、抵押租赁制度和农业规模经营方式等多种制度都还在改革试验过程中，存在多种不同形式，尚未形成定论，对于上述重大基本问题，现在的认识还不是很清楚具体，思路也未十分明晰，方向不太明确，导致众说纷纭、莫衷一是，难以达成共识，更没有形成定论。

有人提出中国现在"三农"问题存在的根本原因是土地公有制、农地使用非市场化的政府管制和垄断征用，认为现在"三农"问题之所以突出，是因为农村改革不彻底、现行农地制度和农业经营方式仍然存在缺陷，必须进一步深化改革，搞"第二次土地改革"，让农民拥有完全的土地产权，实行土地私有化或者变相私有化、土地资源配置市场化；农业规模经营的方式主要应该是家庭农场、种田大户和资本下乡兴办的农业企业，土地应该向大户和资本手中流转集中，实行经营自由化、个体化、私营化、家庭农场化、资本下乡企业化；政府垄断征地制度和土地财政有百害而无一利，必须取消。

也有的人认为人民公社好得很，中国应该走农村工业化道路，现在"三农"问题突出表明废除人民公社、实行家庭承包的农村改革方向错了，分田单干、家庭承包制、股份合作制就是私有制，是资本主义复辟，导致贫富两极分化、集体经济衰落，不能实现农业现代化和农民的共同富裕，应该退回到人民公社制度，而且城镇化是城乡分离的资本主义道路，产生严重的农民工问题。

还有人主张应该继续坚持农地集体所有制，完善家庭承包经营责任制，主要通过发展家庭农场、种田大户、资本下乡兴办农业企业和建立各种经营合作社的方式实现农业规模经营与农业现代化。

与以上这几种观点和主张都不同，笔者的基本看法是：农村改革纠正了超越阶段的偏差，实现了农业的"第一个飞跃"[①]，方向基本正确，取得了巨大成就，但是存在忽视发展农村集体经济的偏差，现在的主要任务应该是纠正这种偏差，实现农业的"第二个飞跃"；中国农村的出路、解决"三农"问题的根本途径，只能是在中国共产党的领导下，坚持社会主义的方向，在继续推进中国特色新型工业化、城镇化，尽快实现农民工市民化，尽可能持久稳定地吸纳转移更多农村劳动力，最大限度地减少农民，完善农地征用制度，合理保护农民的利益，实行工业反哺农业、城市支持农村的同时，通过农地主要向村集体流转集中，实现适度规模经营，经营方式主要由个体、私人经营转向新型集体经营，发展集体经济，再加上在以集体经济为基础，实行企业化、民主化管理的社会主义新农村中推进农业现代化，实现产业融合、产业多样化发展。只有这样，才能从根本上解决"三农"问题，真正实现社会主义农业现代化、农民的共同富裕和社会主义新农村的繁荣稳定。

党的领导是中国社会主义新农村发展的根本保证，集体经济则是党的领导、农村基层政权、实现农民共同富裕和社会稳定的经济基础，社会主义民主监督是农村基层政权廉洁有效和新型集体经营合理有效的关键，中国"三农"问题的根本出路只能是走

---

[①] 关于邓小平的中国农业的"两个飞跃"理论，本书在第三章有专门论述。

社会主义集体化道路，发展集体经济。党和国家正在农村紧抓精准扶贫和脱贫、支农惠农，阻止"三农"问题加剧。

中国农村现在的确需要"再次解放思想来一次大讨论"。究竟哪一种观点和主张是正确可行的呢？现在迫切需要以马克思主义政治经济学为指导，深入研究和正确回答这些重大问题，形成共识，以利更好地对农村改革和发展进行总体规划、顶层设计，真正合理有效地解决"三农"问题。

对这些问题的思考，是2015年12月笔者发起组织武汉大学人口·资源·环境经济研究中心、中国社会科学院经济研究所、《经济研究》编辑部联合召开"中国农地制度和农业经营方式创新高峰论坛"以及撰写、出版本书的初衷。也是为了更深入地探讨"三农"问题，笔者分别于2017年赴贵州省安顺市塘约村等三个村、河南省兰考县张庄村、湖北省咸宁市嘉鱼县官桥村，2018年赴河南省新乡市刘庄和大块镇的两个村、四川省成都市郫都区战旗村，重回50年前作为知识青年"上山下乡"近三年的湖北省随州市福忠村，2019年4月再到浙江省嘉善县的缪家村、范东村、星建村，安吉县的余村，湖州市的南垱村、红里山村，同年5月还赴河南省博爱县寨卜昌村、北西尚村等"五省十八村"，进行农地制度和农业经营方式典型案例调查研究。

本书是笔者20多年来在研究中国工业化和城镇化的同时关注与跟踪调查研究中国"三农"问题的研究成果，集中反映了笔者对中国"三农"问题的主要看法和基本主张。包括2017～2019

年的相关调查研究在内，先后得到以下国家社会科学基金重大项目的资助：2005年度"工业化和城镇化过程中的农民工问题研究"（项目批准号：05&ZD056）、2009年度"中国工业化的资源环境人口制约与新型工业化道路研究"（项目批准号：09&ZD025）、2017年度"中国经济走势的马克思主义政治经济学研究"（项目批准号：17ZDA036），以及2008年度重点项目"中国城镇化与中国特色城镇化道路研究"（项目批准号：08AJY017）的资助。

  本书在对各种不同观点和主张进行分析与商榷的基础上，特提出一家之言，参与研讨，以就教于学界同仁，以利明确中国农村改革和发展的方向、目标及包括各种制度安排在内的道路，促进中国"三农"问题合理有效解决，成功实现社会主义农业现代化和农民的共同富裕。

# 目　录

**第一章　中国农业现代化和集体经济发展与农村改革　/　001**

　　一、新中国农地制度、农业经营方式的变革演进和农村集体经济发展 / 002

　　二、新时代农地流转、农业规模经营和发展农村集体经济的必要性及其方式的正确选择 / 008

　　三、浙江省农地流转、农业规模经营和农村集体经济发展的新方式 / 014

　　四、中国农地制度改革为什么要和怎样坚持"三条底线" / 021

**第二章　中国农地私有化辨析　/　025**

　　一、部分学者主张土地私有化的理由 / 026

　　二、土地私有化的谬误 / 035

　　三、中国不能实行以私有制为基础的家庭农场制度 / 056

**第三章　中国解决"三农"问题的根本路径　/　063**

　　一、"三农"问题及其产生的原因 / 063

　　二、从根本上解决"三农"问题的途径 / 064

三、邓小平的"两个飞跃"理论 / 067

四、社会主义新农村建设 / 081

**第四章 塘约村的新探索与"塘约道路"之争 / 095**

一、塘约村的有益新探索 / 096

二、"塘约道路"的不同看法和正确评价 / 100

三、塘约村股份合作集体经营面临的问题和完善的途径 / 106

**第五章 中国"三农"问题与工业化和城镇化 / 115**

一、工业化和城镇化与"三农"问题 / 115

二、农地制度与工业化和城镇化 / 125

三、中国的城镇化及其发展道路 / 134

**附录 本书作者主要相关研究成果 / 147**

**主要参考文献 / 153**

# 第一章

# 中国农业现代化和集体经济发展与农村改革

农业现代化是中国社会主义现代化的主要组成部分之一，是改变中国农村贫穷落后面貌的必由之路；发展农村集体经济是中国农民实现共同富裕的根本途径，实现农业现代化则是发展农村集体经济的基本途径之一；合理有效的农地制度和农村经济经营方式又是实现农业现代化、发展农村集体经济的制度基础和支撑，必须根据农村经济发展的状况和要求，不断改革和创新。

## 一、新中国农地制度、农业经营方式的变革演进和农村集体经济发展

为了正确深刻地认识中国农地制度[①]、农业经营方式和农村集体经济发展的演进趋势,有必要回顾总结新中国成立70年来农地制度、农业经营方式和农村集体经济发展的历程。新中国农地制度、农业经营方式的演变和农村集体经济发展的历程大体可以划分为四个时期:第一个时期是1949～1958年,农地私有制转变为公有制、农业个体小规模经营转变为集体大规模经营,农村集体经济初步发展的时期;第二个时期是1958～1978年,实行农地集体所有制、农业集体经营,农村集体经济有所发展的时期;第三个时期是1978～2012年,实行农村改革、废除人民公社、坚持农地集体所有制、实行农业家庭承包经营制、农村经济大发展的时期;第四个时期是2012年开始的坚持农地集体所有制,实行农地流转和适度规模经营,加快发展农村集体经济的时期。

---

① 农地有狭义与广义之分:狭义的农地是指农业用地,即直接或间接为农业生产所利用的土地,包括耕地、园地、林地、牧草地、养捕水面、农田水利设施用地,以及田间道路和其他一切农业生产性建筑物占用的土地;广义的农地则是农村的土地,包括农业用地和非农业用地,非农业用地又包括农村建设用地、农民宅基地和非农产业用地。本书论述的农地只是指狭义的农业用地,相应的农地制度也主要是农业用地的所有制、流转制度、征用制度(用途改变制度即非农化制度)、保护制度、经营管理制度。

# 1. 第一个时期（1949~1958年）的农地制度、农业经营方式和集体经济发展

这个时期是中国历史上农村发生革命性大变革的时期，是农地私有制转变为公有制、农业个体小规模经营转变为集体大规模经营，农村集体经济初步发展的时期。1949年前的中国是典型的落后的农业国，农地实行的是以地主所有制为主体的私有制，大多数农民无地或者少地，农业经营方式主要是以手工技术、人力、畜力为基础的个体小规模分散经营，即使是占有大量农地的地主，也主要是把农地出租给分散的小农户耕种，收取地租，没有也不可能进行大规模机械化集中耕种，这正是旧中国"一穷二白"、农民被剥削和极度贫困的主要经济根源。为了改变"耕者无其田"，农业落后、农村和农民贫穷的状况，新中国成立之初，开展了普遍的土地改革，把地主和富农的土地无偿分配给无地或者少地的农民，在中国历史上第一次真正做到了"耕者有其田"，消灭了地主和富农对农民的剥削。但是，由于自然灾害、生老病死、缺乏劳动力、农业技术落后、人多地少，甚至好吃懒做、赌博挥霍等多重原因，中国农村出现了农民卖掉土地改革中分得的农地，又陷入无地、贫困之中的现象。为了更好地应对自然风险（自然灾害）、家庭风险（生老病死、势单力薄），更好地发展农业生产、走向共同富裕，避免农村再次出现贫富两极分化，农民开始组织起来，先是成立农业互助组，进而发展成初级合作社，

到1956年演进成高级合作社，1958年则普遍建立实行集中统一管理的人民公社制度，农业经营方式由个体小规模分散经营向农户合作经营以致集体大规模经营转变，农地制度也逐步由农户个体私有制转变为农民集体所有制（社会主义公有制的一种形式），农村个体经济转变为集体经济。这个时期的农地制度和农业经营方式的巨大变革，防止了农村的贫富两极分化，促进了农村集体经济的发展。

## 2. 第二个时期（1958~1978年）的农地制度、农业经营方式和集体经济发展

这个时期是实行农地集体所有制、农业集体经营，农村集体经济有所发展的时期。人民公社制度的建立，改变了几千年来中国农村无组织、贫富两极分化的状况，促进了包括社队企业的非农产业在内的农村集体经济的发展，改善了农民的生活。但是随着农村经济发展实践的深化，实行集中统一管理的人民公社制度的缺陷也逐步暴露出来，不能适应农村经济进一步发展的要求。由于当时中国"一穷二白"的面貌还没有根本改变，工业化和城镇化的水平极低，大部分农村处于自给难以自足的小农经济发展阶段，农业社会化程度和机械化水平也非常低，农业的生产经营更适合采用家庭个体分散经营的方式，不适合实行人民公社那样的大规模集中统一的集体经营管理，以人力、畜力和手工技术为基础的农地大规模经营方式实现有效经营管理的难度大、成本高，

再加上人民公社制度存在政社合一、政经不分，国家对公社、公社对农民统得过多、管得过死，农民缺乏生产经营自主权，分配存在平均主义倾向等缺陷，结果是难以调动农民生产经营的积极性和主动性，加大了经营管理成本，经济效益比较低，近30年解决不了农产品严重短缺的局面，也没有根本改变大部分农村贫穷落后的面貌。

## 3. 第三个时期（1978~2012年）的农地制度、农业经营方式和集体经济发展

这个时期是实行农村改革、废除人民公社、坚持农地集体所有制、农业实行家庭承包经营制，以及由"三级所有、队为基础"的集体经营方式转变为以农户家庭个体经营为主的经营方式，农村经济大发展的时期。由于人民公社制度存在缺陷，不适应农村经济进一步发展的要求，需要改革完善；又由于农地集体所有制是社会主义公有制的重要组成部分，本质上是适应农村生产力发展的社会主义的基本经济制度，是保证农民根本利益、防止农民贫富两极分化，最终走向共同富裕的经济基础，因此是不能改变的。所以，为了适应当时中国农村生产力发展的基本状况，调动广大农民生产经营的积极性和主动性，适应市场经济的要求，更好地发展农业生产，绝大多数村庄在不根本改变农村土地集体所有制的前提下，实行以"废除人民公社，实行家庭联产承包为主的责任制"为主要内容的改革，而且在实行过程中也是符合大多数农民意愿的和得到大

多数农民拥护的，实际成效也是比较显著的。

实事求是地说，这个时期的农地集体所有制和家庭承包经营制功不可没，克服了人民公社制的缺点，适合当时农业生产落后的现状和特点，满足了农民对土地经营使用权的要求，使农民拥有了比较充分的自主权，形成了农地经营得越好、农民家庭收入越多的激励机制，调动了农民生产经营的积极性和主动性，有利于农户增加农业投入，降低生产经营成本，使农业生产适应市场需求，有效地促进了农业生产的发展，基本保证了城乡农产品的供应，改变了长期存在的农产品严重短缺的状况，绝大多数农民不仅解决了温饱问题，也基本达到小康生活水平。而且，农地的集体所有制以较低成本满足了工业化和城镇化对劳动力和土地的基本需求，有力地支持了工业化、城镇化和整个国民经济的发展，并且缓解了人多地少、通过务农增加收入困难的矛盾，使农民也获得了进城务工经商增加收入的第二条渠道；同时还为农民提供了最后一条保障线，避免了农村大量"三无"农民（无地、无业、无社会保障）的产生以及严重的贫富两极分化和大面积城市"贫民窟"的出现，维持了包括农村在内的社会的基本稳定。

## 4. 第四个时期（2012年以来）的农地制度、农业经营方式和集体经济发展

党的十八大以来，中国特色社会主义进入了新时代，中国农村的改革和发展也进入了新时期。这个时期是坚持农地集体所有

制、实行农地流转和适度规模经营、实施乡村振兴战略、开展精准扶贫脱贫攻坚战、加快推进农业现代化和发展集体经济、消除农村绝对贫困的时期。

第四个时期的农村改革，虽然成效比较显著，但是中国现行的农地制度特别是农户家庭个体经营为主的方式也存在许多不足或缺陷：个体经营、单打独斗，经营分散，规模狭小，应对自然风险、市场经营风险（农产品市场供求、价格变化莫测，市场竞争激烈、优胜劣汰、经营失败的可能性）和家庭生活风险的能力差，不易解决人地矛盾（人多地少）、小生产与大市场的矛盾、小规模分散经营与规模经济的矛盾，难以实行农业的规模经营和集约经营，不能从根本上解决小农经济生产分散、小规模、效率低的问题，不易实现农业现代化、增加农民收入，根本改变农村贫穷落后的面貌。应该说，中国现行的农地制度和经营方式这些缺陷的存在，是现在"三农"问题突出的重要原因。如果说中国现行的农地制度和经营方式完美无缺，仅靠现行的农地集体所有制和家庭承包经营制就能不断地促进农村经济的大发展、有效实现农业现代化，也就不会出现如此突出的"三农"问题。[①] 而且，土地是农村最基本的生产资料和财富的来源，实行家庭承包经营制以后，土地绝大多数都承包给农户个体经营了，农村集体手中已经没有多少土地经营权了，集体经济也就很

---

① 简新华、李楠：《中国农业实现"第二个飞跃"的路径新探——贵州省塘约村新型集体经营方式的调查思考》，载于《社会科学战线》2017年第12期。

难继续发展,特别是没有集体兴办的乡镇企业,或者改制成非集体企业以后,大部分地区农村集体经济也萎缩了,大大弱化了党在农村执政的经济基础,这也是"三农"问题突出的重要原因。

改革开放 40 多年的实践和国际经验都表明,现行的农地制度和小规模分散经营的方式已经无法适应经济发展,新时期必须深化改革,逐步完善现行农地制度和经营方式,大力发展集体经济。

## 二、新时代农地流转、农业规模经营和发展农村集体经济的必要性及其方式的正确选择

实现农业规模经营是农业现代化的重要内容,实行农地合理流转是实现农业规模经营的重要途径,发展农村集体经济是实现农民共同富裕的根本途径。

### 1. 实行农地流转和农业规模经营方式、发展农村集体经济的必要性

"三农"问题是现在中国经济社会发展面临的最大的也是最突出的深层次难题,是最终实现社会主义现代化和走向共同富裕的关键问题。"没有农业农村现代化,就没有整个国家现代化。"[①]

---

① 习近平:《把乡村振兴战略作为新时代"三农"工作总抓手》,载于《求是》2019 年第 11 期。

加快农业现代化进程、大力发展农村经济、增加农民收入、通过非农化和城镇化大量减少农民，是缩小城乡差别和工农差别、改善农民生活、提高农民购买力、扩大和培育内需的重要途径，关系到国民经济持续高质量高效发展和社会稳定的全局。

（1）实行农地流转和农业规模经营是解决"三农"问题的重要途径。农业现代化滞后、"三农"问题突出，这是现在党和政府把解决"三农"问题作为重中之重，实施乡村振兴战略的基本原因，造成这种状况的主要原因又是农地制度和农业经营方式不完善。所以，要加快推进农业现代化，从根本上解决"三农"问题，成功实现乡村振兴，必须进一步改革完善农地制度和创新农业经营方式，在土地"确权"的基础上实行土地流转，实现农业适度规模经营，发展集体经济。

中国现在为什么要实行农地流转？因为农业规模经营（大规模机械化经营）是农业现代化、集约化的主要内容，没有规模经营，难以提高农业劳动生产率、增加农民收入。而要真正做到农业规模经营，改变小规模、碎片化、分散化、效益低的经营方式，取得规模效益、集聚效益，土地又必须合理流转集中，所以土地流转是实行农业规模经营的前提条件，也是一个必然趋势。而且，如前所述，现行的农地制度和家庭联产承包经营的方式虽然功不可没，但是也存在许多不足或缺陷，是现在"三农"问题特别突出的重要原因，也不适应经济市场化、社会化、现代化、规模化、高效化的要求。只有实行农业规模经营，才能有效解决这些问题。

而只有通过土地的合理流转才能实现农业规模经营和现代化，提高农地利用效率、增加农民收入，彻底改变农村贫穷落后的面貌。

（2）发展农村集体经济是实现农民持久脱贫、共同富裕的根本途径。让所有农民脱贫致富、走向共同富裕是解决"三农"问题的根本目的和主要任务，发展集体经济则是实现持久脱贫、共同富裕的根本途径，单靠单家独户、个体经营势单力薄，农民无法有效应对市场风险（市场竞争、行情变化、优胜劣汰）、自然风险（自然灾害）、家庭风险（老弱病残），难以持续脱贫致富，必须组织起来发展集体经济。

改革开放以来，中国形成了一整套行之有效的扶贫脱贫做法，主要是发挥党和政府的决定性作用，动员全社会力量，采取举国体制，通过改革开放促进经济发展，推进工业化和城镇化吸纳农村剩余劳动力，组织地区、行业对口支援扶贫，把输血式扶贫（即增加投入、实行生活救助、给钱给物，授人以鱼）转变为造血式扶贫（即扶贫先扶"志"和"智"，实施开发式扶贫、产业扶贫、就业扶贫、教育扶贫、文化扶贫、科技扶贫、人口迁移扶贫、交通扶贫、基础设施建设扶贫、改善环境扶贫等，授人以渔），实行精准扶贫脱贫，使几亿农村贫困人口脱贫，为世界消除贫困做出了最大贡献。但是，这些还不能完全保证贫困户不返贫。因为，长期以来贫困地区生产和生活条件差、经济社会发展水平低、文化教育和医疗卫生事业也比较落后，贫困人口的观念、眼界、能力、素质相对来说都比较弱而且短期难以根本改变，即使现在举全国之力实现脱贫，生活达到小康水平，但是面对激烈的市场竞争、生产经营的种种困难、可能发生的严重自然灾害、家庭的老弱病残，很难避免不再返贫。例如，现在不少地方的贫困户通过发展"农家乐"、乡村旅游脱贫了，但是乡村旅游、"农家乐"如果遍地开花，就可能供给过剩、不可持续。而且，扶贫、脱贫不可能也不应该长期以致永远依靠政府、社会救助支援"输血"。最重要的还是要形成贫困人口脱贫致富的长效机制，提高有效应对市场风险、自然风险、家庭风险的能力。怎样才能形成和提高这种机制和能力，更好实现产业多样化、规模经营和可持续发展呢？实践证明，贫困户靠单门独户、单打独斗，规模太小、财力太少、能力太弱、眼界有限，返贫的可能性是很大的，必须组织起来，抱团取暖、集中力量，发挥集体的智慧，更好地实现规模经营、分工协作专业化和产业多样化，大力发展农村集体经济，只有这样才能真正做到持续稳定脱贫，逐步走向共同富裕，从根本上防止返贫。

无农不稳、无工不富、无商不活，小规模分散经营效率低，也难以致富，所以农村必须实行产业多样化、产业融合、规模经营。但是，贫困户如果只是跟着企业和大户干，企业和大户要获得大部分收益，贫困户很难富起来，贫富差距不仅不能缩小甚至有可能扩大。只有把包括贫困户在内的农户组织起来联合经营，发展集体经济，才能既有利于实行产业多样化和规模经营，又能更好地共享发展成果，走向共同富裕。到中国的东部或者中西部地区的农村去走一走、看一看，就会知道，除了城市郊区和修建大工程的少部分地区农民依靠征地拆迁补偿和工商业发展富起来以外，凡是农村集体经济衰败的地方，就没有共同富裕做得比较好的村庄；凡是经济社会生态发展先进繁荣、共同富裕做得比较好甚至农户家家都有楼房和汽车的村庄，几乎都是集体经济发展兴旺的地方。

## 2. 必须正确选择农地流转和农业规模经营方式

实行农地流转、实现农业规模经营方式、发展农村集体经济的方向是明确的，现在面临的一个重要问题是，必须正确选择实行农地流转和农业规模经营的方式。如果农地的流转方式和经营方式不合理，不仅农业规模经营不易持续、收益难以共享，而且可能不利于农村集体经济的发展，甚至扩大农村的贫富差距。因此，现在特别需要深入探讨实行农地流转、实现农业适度规模经营、发展农村集体经济的合理有效途径。

目前，通过土地流转实现农业规模经营的普遍做法是，由农户自己或者通过乡村组织机构协调直接流转给种田大户、家庭农场、非集体的合作社和农业企业。这种流转方式和经营方式虽然能够在一定程度和时期内实现农业的适度规模经营，但是仍存在突出的问题和缺陷。

（1）流转和规模经营不稳定、不安全可靠、不可持续。容易出现流转纠纷，流转合同履行困难，而且流转期有限。如果流转经营成功，流出户可能要求收回承包地自己经营；假若流转经营失败，流入户可能无法兑现流转费，甚至"跑路"。而且，流入户只有大规模成片流转承包地才更有利于实现规模经营，但是流出户的承包地是小块、分散的，由农户直接向大户、企业流转，难以做到大规模成片流转，不利于真正实现规模经营。

（2）农地向少数人手中流转存在着严重弊端。农地主要向大户、家庭农场主、农业企业主等所谓农业企业家等少数人手中流转集中，会产生三种严重后果：

一是可能扩大农村的贫富差距。因为流转后实现规模经营所取得的规模收益、集聚收益必然大部分被少数流入户所有，使他们更加富裕，绝大多数农户则很难共享收益，不易实现共同富裕。

二是可能造成数以亿计的失地无业农民。中国人多地少，农民数量庞大，即使中国城镇化率达到80%，也还有近3亿农民要留在农村，无法被城市吸纳。按照发达国家现代农业的规模经营情况，中国20亿亩耕地，最多只要几千万农业劳动力就足够了，无论采用什么方式（包括承包地转让、出租、抵押、农地私有化、自由买卖等），如果农地主要向大户、家庭农场主和农业企业等少数人手中集中，都会产生数以亿计的失地农民。而且大多数必然会留在农村的农民也不可能到大户、家庭农场、农业企业去打工，因为不需要那么多农业劳动力，这将会使数以亿计的农民既无地也无业。

三是农地通过流转主要向少数大户、家庭农场主、农业企业家手中集中，假若流出户可以收回，农业规模经营则无法持续，如果农民难以收回承包权或经营权，最终可能导致土地私有化。农村集体经济不仅不能发展，反而会彻底瓦解，会改变中国社会主义制度在农村的所有制基础，农民也不可能走向共同富裕。

正是由于农地直接向大户、家庭农场和企业流转存在上述问题和缺陷，通过调查研究，笔者认为，农地向集体流转，实行新型的集体规模经营才是更好的方式。下面先以浙江省为例对此观点加以说明。

## 三、浙江省农地流转、农业规模经营和农村集体经济发展的新方式

2019年4月，笔者到浙江省嘉善县、安吉县、湖州市的缪家村、余村、范东村、星建村、南堽村、红里山村进行以土地流转、规模经营、农村集体经济发展为重点的农村经济改革和发展实地调查，以及对绍兴、金华、温州、台州等地相关情况的电话询问，发现浙江省农村创造出一种很有特色和成效的实行农地流转、推进农业规模经营，更好地发展农村集体经济、实现乡村振兴、建设美丽村庄，更有利于走向共同富裕的新方式：由农户把承包地先直接流转到村办的集体合作社或者村集体，再由村办合作社或者村集体规划整治后连片转包给种田大户、家庭农场和相关企业经营，即"二次流转"，或者不再流转，由集体自行经营。笔者

认为这是一个具有多种优势的非常值得肯定、总结、完善、推广的新模式，能够有效解决和克服承包地由农户直接向大户、家庭农场和相关企业流转存在的问题与缺陷。

## 1. 农地先向村办合作社或者村集体流转的新方式的优越性

与直接流转到大户、家庭农场和相关企业相比，农地由农户先流转到村办合作社或者村集体，再由村办合作社或者村集体连片转包给种田大户、家庭农场和相关企业经营，或者集体自行经营的新方式，主要有以下四方面益处：

一是有利于保护农民的利益和土地顺利持续流转。农户更相信村"两委"（党委会和村委会）也就是党和政府，把承包地流转到村办合作社或者村集体，农户更放心、更愿意，因为流转收入更可靠、更有保障，无论流转后的经营是成功还是失败，村集体更有能力应对和保护农户的利益，使得流转和规模经营也能更加顺利、稳定、持续。

二是有利于规划集约用地和实现农村长远发展。承包地直接流转到大户、家庭农场和相关企业以后，村庄很难从总体上制定土地合理高效利用和乡村发展的长远规划，即使制定了也很难落实。但是，承包地如果流转到村办合作社或者村集体，就使村庄更有可能和条件从总体上制定与落实土地合理保护、高效利用及乡村发展的长远规划。有些地区在耕地先向村集体流转的同时，还实行"两分两换"的改革,即把宅基地和承包地分开、搬迁和土地流转分开,以宅基地置换城镇或者中心村房产,以土地承包经营权置换社会保障(养老权),合理实行集中居住,更好地集约、节约利用土地。通过农村土地整治还能够扩大农村可利用的土地面积,拓展发展空间,推进工业化、城市化和农业、农村现代化,极其有利于农村的整体长远发展。

三是有利于充分发挥村集体一举多得的作用。由于承包地流转到村办合作社或者村集体后,普遍都会根据长远发展规划进行土地整治和用途管控,然后再成片转包给大户、家庭农场和相关企业或者集体自主经营,这样能够一举多得:其一,能够防止和消除农地抛荒,盘活流出户的土地资源,增加流出户的收益;其二,有利于对大户、家庭农场和相关企业实行农地的大规模成片流转,方便流入户的生产管理和规模经营,转变生产经营方式,实现高效的管理和运营,增加农产品品种,提高农产品质量和农业经营绩效;其三,能够实行轮耕、休耕,保护和改良土地资源;其四,有利于合理有效管控农地用途、保障粮食安全。

四是有利于发展农村集体经济,从根本上解决"三农"问题。为农村集体经济发展创造了更好的条件,不仅为集体经济发展提供了更多的土地资源,而且能够释放农村劳动力,在集体内部按照村民的不同才能和兴趣、土地的特点等不同自然条件,实行分工专业化协作,调动各类农户的生产积极性,提高劳动生产率。更好地利用土地等自然资源的不同特点和优势,实行三大产业融合及产业多样化经营，延长农业产业链，发展特色、绿色、优质、高效农业，提高农村经济效益，多渠道增加收入来源。

笔者调查的实行农地流转新方式的几个村庄，集体经济都有了不同程度的发展，有的甚至实现了大幅度增长，如缪家村的村级集体可支配资金就达1100多万元。集体经济实力的增强，不仅普遍增加了农民的收入，更有利于扶贫脱贫，而且能够统筹生态环境整治、集中处理污水和垃圾、统一森林防火，使农村的养老保障等社会保障、基础设施建设、保护和美化环境、文化教育、健身娱乐、医疗卫生等公共服务也都更有条件，做得更好了，社会治安状况大大改善，这都非常有利于巩固党在农村执政的经济基础和群众基础。

## 2. 完善农地流转和规模经营新方式的问题和路径

就像其他新生事物一样，在刚产生的时候都不可能是成熟完善的，浙江省农村创造的这种农地流转和规模经营的新方式也不例外。在调查中，笔者感到这种新方式还存在以下问题和困难：

一是如何确定对把承包地流转到村办合作社或者村集体的农户实行合理的可持续补偿的数量和方式。现在各村的做法都不完全一样：有用养老保障权置换农地承包经营权的，也有入股分红即用承包权置换股权的；有实行集体分红的，也有不实行集体分红的；有支付流转费的，也有不支付流转费的；在支付流转费中，数额有固定的，也有浮动的，有按实物计算的，也有按租金计算的。而且，有的村流转费偏高，村里的负担加重。因此，需要深入探索既能够保障农民权益和共享农地流转后实现规模经营带来的收益，又能使集体能够承受并且有利于集体经济持续发展的合理有效的补偿数量和方式。

二是承包地流转到村集体后能不能退出、怎样退出，如何保持这种流转和规模经营新方式的持续稳定性。现在承包地向集体流转基本上实行的是农户自愿原则，但是在条件成熟之后可能需要逐步修改完善。"流转自愿"没有多大问题，承包地流转必须尊重农民的意愿和选择，不能强迫命令，但是"退出自由"即农户可以随意收回承包地就有问题了。如果想退就退，就能够随时抽走自己原来的承包地，可能严重损害村集体的利益。因为流转到村里的土地都由村集体统一进行了规划、修整、安排、使用，而且实行了流转农地的再转包，自由退出将会使得村集体无法履行转包协议，承担毁约赔偿损失，所以需要深入调查研究，修改完善"退出自由"这条原则。可以考虑规定退出不能抽走自己原来的承包地，但是给予合理的经济补偿。因为抽走自己原来的承包地会严重损害全体村民的利益，而且土地的所有权是集体的，并不是承包者私人的。但完全不补偿，也不公平、不合理。可以考虑让退出者抽走与他原来的承包地同等数量的土地，而地理位置由村集体决定，这样既能基本满足退出者的意愿，又能减少村集体的损失。

三是如何有效克服农地由村集体再转包给大户、家庭农场和相关企业，即"二次流转"可能产生的风险。农地流转到村集体后，除了村集体自行经营之外，再由村集体转包给大户、家庭农场和相关企业，同样也可能出现上述农户把承包地直接流转给种田大户、家庭农场、非集体的合作社和农业企业存在的问题及缺陷。尽管村集体更有能力解决问题、克服缺陷，但是怎样真正具体做到，还需要在实践中探索，根本途径可能还是要逐步走向集体经营、大力发展集体经济，不再进行"二次流转"。因为只有这样，才能从根本上消除农地"二次流转"可能产生的风险。

四是怎样科学制定和落实村庄土地规划，高效开发和利用土地资源。需要探索在遵守国家关于土地用途及其改变、征用、保护、置换等相关法律法规的前提下，既合理满足村庄兴办包括农产品深加工、适宜的制造业，以及农家乐、农业观光体验、农村度假休闲等多种形式的乡村旅游在内的非农产业的用地需求，保持产业多样化经营的可持续性，实现三大产业融合发展；又有效保护耕地、保障粮食安全，防止不符合国家相关规定的"大棚房"、私人豪华别墅等违规建筑的出现。建议在遵守国家相关法律法规的前提下由村集体自行决定。

五是启动资金和保证金还没有稳定来源。近年来，国家的惠农补贴种类繁多、数额巨大，包括扶贫脱贫补贴、种粮补贴、农机补贴、农地流转补贴、农业规模经营补贴、国土整治补贴、农田水利建设补贴、退耕还林补贴、新农村建设补贴、美丽乡村建设补贴、农地征用补偿、自然灾害救助等，这不仅是现在农村消除贫困、发展经济、解决各种问题和保障日常行政开支的重要资金来源，而且是浙江省农村实行土地开始向村办合作社或者村集体流转时先向农户支付流转费的重要资金来源。但是这些政府补贴和国家资助的数量与时间及其持续性是村庄自己无法决定的，而且前期投入较大，光靠政府补助，农村的发展也是不可持续的。还需要寻找在政府各种惠农补贴和国家资助减少甚至取消后，能够提供实行这种土地流转新方式的启动资金和保持这种新方式的保证金的稳定来源与渠道。建议近期国家的惠农资金特别是土地流转支持资金明确重点支持这种先向集体流转的新方式，不宜直接用于重点扶植种田大户、家庭农场和农业企业，因为前者是"雪中送炭"，后者是"锦上添花"，应该长期主要依靠集体经济发展。

六是还需要得到中央的明确肯定和支持。浙江省农村创造的这种方式毕竟是与现在普遍推行的方式很不一样的新方式，如果得不到中央的明确肯定和支持，就可能会因为害怕政策有变、发生反复，担心走弯路、犯错误，出现犹豫、观望、等待的倾向，很难坚定不移地推进和完善。

正是由于浙江省农村创造的这种农地流转新方式具有现在普遍推行的农地流转方式没有的多种优点，所以笔者建议好好总结、肯定、介绍、宣传；又由于这种新方式刚刚出现不久，还不完善，因此还需要进一步分析存在的问题、面临的困难，探索解决问题、克服困难的有效途径，使之成熟完善并推广。

## 四、中国农地制度改革为什么要和怎样坚持"三条底线"

2014年12月习近平在中央农村工作会议上提出"四个不能":土地制度改革怎么改都不能把农村集体经济组织给改垮了,不能把耕地给改少了,不能把粮食给改滑坡了,不能把农民的利益损害了。要继续维持农村的集体经济组织制度,要保证现有的耕地基本保持稳定、保持粮食能够继续稳定发展、保障农民的财产权利。习近平在中央全面深化改革领导小组第七次会议上强调土地制度改革要有"三条底线":第一,不能改变土地所有制,就是农民集体所有;第二,不能改变土地的用途,农地必须农用;第三,不管怎么改,都不能损害农民的基本权益。中央全面深化改革领导小组第七次会议也明确指出,推进城镇化和农业现代化必须坚持土地公有制性质不改变、耕地红线不突破、农民利益不受损三条底线。但是在有的学者看来,这"三条底线"是矛盾的,不可能同时坚持。因为他们认为坚持现行的农地集体所有制、政府严格保护耕地、非农用地的政府垄断供给管理和土地财政制度必然与民争利,侵占农民的权益,使得农民不能分享工业化和城镇化的成果,造成高地价、高房价和土地资源的浪费,加大工业化、城镇化成本,使得农民工难以在城市安居,人口城镇化困难,滞后于土地城镇化,制约城镇化的推进,导致土地方面的严重腐败,主要是城市居民受惠,加剧贫富两极分化。

那么,农地制度改革为什么要坚持"三条底线","三条底线"之间是否有矛盾,不可能同时坚持呢?

为什么要"坚持土地公有制性质不改变",也就是说土地不能私有化?这是因为公有制是社会主义的所有制基础、是农民实现共同富裕的必要条件,只有坚持土地公有制,才能保持公有制为主体的社会主义所有制基础,才能坚持社会主义方向,真正实现所有农民的共同富裕。实事求是地说,农地私有化虽然可以实现农地自由转让,向资本或种田大户手中集中(掌握大量土地的资本和种田大户会因此而更加富裕),实现农业规模经营,但是由于中国人多地少,将会有数以亿计还不得不留在农村的农民成为失地农民,甚至成为"三无"农民,农地私有化解决不了他们的出路问题,更不能让他们走向共同富裕。虽然农地私有化后农民可以卖地取得收入、出租取得租金、入股分红或抵押贷款,但大多数农民的承包地都不多,也卖不了高价,绝不可能像有的学者乐观估计的那样因此而致富,只有极少数农地可以转化为工商业、基础设施和城市建设用地的农民才可能因此而"暴富",但这也是不公平、不合理的。

总而言之,农地私有化、完全市场化虽然可能更容易满足工业化、城镇化对土地的需求,防止各级官员在土地方面的腐败,使少数农民富裕起来,但是也会产生更多更严重的经济社会问题:不仅会造成数以亿计的"三无"农民、加大农民的贫富两极分化、无法保障粮食安全，而且不能保证高地价、高房价的消失，农民进城安居乐业依然困难重重，甚至会产生更多的"钉子户"，增加工业化和城镇化的困难，提高工业化和城镇化的成本，延缓工业化和城镇化的进程。只有坚持农地公有制，通过合理流转、创新农业集体经营方式，才能既实现适度规模经营，又能发展壮大集体经济，最终走向共同富裕。

为什么要坚持"耕地红线不突破"？这是因为中国人多地少，粮食需求量太大，粮食安全问题特别突出。14亿人的吃饭问题只能依靠中国人自己解决，不能受制于人，更何况中国要坚持社会主义方向，更不能把粮食的持续有效供给寄托在别人身上。如果不坚持土地公有制和政府必要的管理，实行土地私有化和完全市场化，"耕地红线"守不住，粮食安全就失去了保障。

为什么要坚持"农民利益不受损"？这是因为农村改革包括农地制度改革，目的都是为了推动农村经济的发展、改变农村贫穷落后的面貌、增进农民的利益，无论是农地确权、征用、承包、流转制度的改革，还是农地经营制度的改革，自然都不能例外。

只有在坚持土地公有制的前提下进行农地的合理征用和补偿、承包地经营权的合理流转、采取合理的农地经营方式，才能真正保护和增进大多数农民的利益，保障粮食安全。所以说，"三条底线"不仅不矛盾，而且相辅相成，完全可能也必须同时坚持。如果改革走偏方向，决策和措施失误，相关制度不合理、不健全，土地公有制性质就可能被改变，耕地红线就可能被突破，农民利益就可能严重受损。

怎样才能真正做到坚持"三条底线"？笔者认为，必须以发展壮大集体经济为目标，不能以最终实现农地私有化为方向深化农村改革，必须坚决防止农地私有化和变相私有化，继续实行严格的土地保护制度，完善农地承包、使用、流转、征用制度，创新农业集体经营方式，真正做到让全体农民最终走向共同富裕。当前需要深入探讨的是流转、征用、拆迁补偿、规模经营中存在的问题及其合理有效的解决途径。特别值得注意的问题是：集体成员的平等权利要求应该按人口和劳动力的变化调整承包地与农地稳定经营要求"减人不减地、增人不增地"的矛盾怎么克服；农地应该向谁流转，合理的标准是什么，如何流转；承包权转让怎样合理定价、确定时间期限、保持稳定性和可持续性；转让后如何保证农地用途、土地改良和现代化经营的持续投入；承包权收回的可能性、困难、方式和问题；农地抵押贷款收不回、承包地租赁产生矛盾纠纷，以及经营权转让、合作、入股、租赁、抵押经营失败怎么办，损失由谁承担，怎样承担；如何有效防范征地拆迁、土地流转中的腐败行为，切实保护失地农民的合法权益。

# 第二章

# 中国农地私有化辨析

中国改革开放又进入了一个关键时期,坚定不移推进改革开放应是人们的共识,但对改什么、朝着什么方向改、怎样改,理论界和社会上却存在较大的分歧。这种情况最突出地表现在对农村土地制度改革的看法或主张上。改革开放以来,特别是近些年,国内外一直有人或明或暗、或公开或私下主张中国应该实行土地私有化(主要是农地私有化)。中国现在或者将来究竟应不应该实行土地私有化,这是一个关系到如何正确把握中国农村改革和发展方向,有效解决"三农"问题,保护农民利益,提高土地利用效率,合理推进工业化、城镇化和农业现代化,维持社会稳定和谐的重大问题,甚至涉及对中国根本经济制度和政治制度演进趋势的认知,要合理地进行改革的顶层设计和总体规划,不能不公开深入讨论清楚,求得正确的认识。《中华人民共和国宪法》规定:"农村和城市郊区的土地,除由法律规定属于国家所有的以外，属于集体所有；宅基地和自留地、自留山，也属于集体所有。"2013年习近平总书记在中央农村工作会议上强调，"农村土地制度改革是个大事""不管怎么改，不能把农村土地集体所有制改垮了，不能把耕地改少了，不能把粮食产量改下去了，不能把农民利益损害了"。[①] 但是，对主张搞土地私有化的理由何在、是否成立，中国为什么不能搞私有化，土地私有化为什么是错误的，会产生什么样的后果，为什么土地私有化不是"三农"的根本出路，解决"三农"问题的途径是什么，怎样正确认识中国现行农地制度和经营方式的利弊及其演进的趋势，如何做到党的十八大提出的坚持和完善农村基本经营制度、构建新型农业经营体系，特别是党的十九大强调的"深化农村集体产权制度改革，保障农民财产权益，壮大集体经济"等问题，缺乏系统深入论述，更没有形成共识。仍然有人不断提出土地私有化问题，因而特别需要从理论和实践结合的角度予以正确全面的回答，作出有说服力的论证。

## 一、部分学者主张土地私有化的理由

改革开放以来，国内外一直有人主张土地私有化，虽然在国

---

[①] 《习近平关于社会主义经济建设论述摘编》，中央文献出版社2017年版，第177页。

内主要报刊和相关著作中很少有人公开提出中国应该实行土地私有化,但在各种理论研讨会和网络上、教学研究过程中和社会思想交流中,特别是在境外学者的有关论著中,总可以听到、看到有人认为中国现行的土地集体公有制存在许多弊端:不能形成全国统一的土地市场,"越来越和市场经济不相适应""是城乡收入差距愈益恶化的制度性障碍""使广大农民难以分享城市化和工业化带来的巨大好处,难以分享沿海和城市的繁荣""城市化变成了对农民的剥夺""没有避免农民相对境遇的每况愈下,又没有避免无地农民的大量涌现",导致"耸人听闻的当代圈地运动",大量侵占农民土地,土地纠纷急剧上升,"严重威胁社会的和谐稳定";中国现在之所以"三农"问题严重、土地征用和房屋拆迁中损害农民利益的问题突出,根源在于土地的公有制,"三农"的根本出路是实行土地私有化、市场化;农民没有土地所有权,不能自由买卖土地,造成土地抛荒现象严重,无法用土地作抵押,农村金融难以发育,农地租赁市场难以发育,土地规模经营难以实现,落后的农业结构难以调整,土地资源难以优化配置,农村基础设施常年忽视,生态"必然发生凋零",农民收入也难以提高。① 也有人认为,农村土地集体所有制存在"产权残缺"、"所有者缺位"、难以解决的所有权集体共有与保持承包

---

① 文贯中:《解决三农问题不能回避农地私有化》,中国经济学教育科研网,2006年5月22日。

权稳定的矛盾，导致"土地征用和出让成为孳生腐败行为的三大温床之一"，"地方政府土地财政膨胀"，农业规模经营无法实现，不能满足农民对土地所有权的诉求，真正做到"耕者有其田"。① 另有人认为，土地承包制只是不彻底的改革，农民只是拿到了土地的使用权或经营权，没有所有权，还没有真正做到"耕者有其田"；有学者提出"改革要彻底，就应该采取俄罗斯在土地制度方面的做法，在明确土地使用权的基础上给予农民自由的转让权和买卖权"，② 这实际上就是要给农民个人完全的土地产权③，即实行土地私有化。还有人认为，如果说实行土地承包制是改革开放过程中的"第一次土改"，现在深化农村改革就是要进行"第二次土改"④"新土地革命"，即实行土地私有化。国内有媒体甚至宣扬报道说："农民宣告土地私有，第二次土地革命爆发"。⑤

什么是土地私有化？所谓"化"，是指事物具有某种特征的

---

① 蔡继明：《中国土地私有的分步改革方案》，收录于《论中国土地制度改革》，中国财政经济出版社2009年版，第151页。

② 任波：《新土地革命》，载于《财经》2002年第19期。

③ 完全的土地产权应该包括使用权或经营权，以及收益权、处置权（含通过买卖或赠送的转让权、损毁权等）。

④ 也有第四次土地改革的说法：第一次是1949年将地主、富农的土地分给无地和少地的贫下中农；第二次是20世纪50年代中后期通过合作化和人民公社化运动，将农民所有的土地集中起来改变为集体所有；第三次是1978年开始实行的家庭承包经营责任制，分田单干，把集体所有土地的使用权或经营权交给农民家庭；第四次是有人主张的土地私有化改革，从农村土地公有完全退回到私有。

⑤ 蔡继明、邝梅：《论中国土地制度改革》，中国财政经济出版社2009年版，第154页。

变化过程和结果，绝对地说是指事物彻头彻尾、变为同一性质的东西，一般是指事物的某种变化趋势。土地私有制是指由私人掌握土地的所有权、经营权、处置转让权、收益权等完全产权的土地制度。所谓土地私有化，极端的说法就是所有土地都实行私有制，更多人的看法可能是指存在土地多种所有制的情况下主要实行私有制。本书理解的土地私有化是指农地即农村土地（主要是耕地、集体建设用地和宅基地）实行私有制的过程和结果。农地不断由公有转变为私有的过程，则是私有化过程。如果土地私有制不是主体，就不能说是土地私有化了。

针对中国应该实行土地私有化的论调，笔者将看到的相关文献的观点归纳为以下几个方面。

第一，可以实现农民的愿望，保护农民的根本利益。持该观点的学者认为土地私有化能够消除现行农村土地集体所有制的弊病，满足农民对土地的要求，完全实现"耕者有其田"，让农民真正成为土地的主人，拥有完全的土地产权，特别是自由买卖权（包括转让权、谈判权、定价权等），从根本上维护农民的土地合法权益。有学者说："中国农村的根本问题却是'乡村社会的官权过剩，民间权力衰落'。导致这种局面又是由于两方面原因：不受限制的行政权力、所有财产（包括土地）公有。"应该"还产于民""还权于民"。[①] 还有学者说："土地私有制下平均地权和

---

① 陈志武：《农村土地私有化后结果不会比现在糟》，载于《财经时报》2005年10月8日。

零地租也是做得到的,甚至可能做得更好。"①

第二,优化土地资源配置,实现农民富裕,从根本上解决"三农"问题。持该观点的学者认为土地私有化能够发挥市场在土地配置中的作用,提高土地资源配置效率,使得农村土地可以自由买卖,转让流转,农民能够自己决定土地用途、消除土地抛荒,在买卖中还可以讨价还价,适合于作为工商业用地的可以通过高价出售获取土地增值收益(级差地租),地价上升还有助于促进土地节约和高效使用;普通农地可以向种田能手集中,能够实现农业规模经营、土地集中高效利用,更好地发展农村经济,增加农民收入;农民还可以实现土地资本化,以土地作为抵押获得贷款和入股,增加农业投入或从事其他生产经营活动,扩大增加收入的途径;也有利于资本下乡,使农民愿意增加农业投入,加强农田水利基础设施建设,促进农业生产经营规模化、集约化、机械化、绿色化、多样化、特色化、现代化,从根本上解决"三农"问题。例如,有学者说:"中国现在的土地公有制正是农业机械化的障碍,它不可能兼顾公平和效率。"②"中国农业要真正搞起来,土地一定要私有化,要自由买卖。"③ 也有学者说:"可自由买卖的土地比不可自由买卖的同样土地市价高得多,土地私

---

① 文贯中:《现行土地制度已成中国现代转型的桎梏》,载于《东方早报》2012年1月18日。
② 杨小凯:《中国土地所有权私有化的意义》,学者社区网站,2007年7月20日。
③ 杨小凯:《论土地私有化问题》,新浪博客,2006年8月7日。

有化只会使现在相对贫穷的农民变得更富。"①

第三,可以促进工业化和城镇化。持该观点的学者认为土地私有化使得农民可以自由买卖土地和转变农地用途,既解除了土地对农民的束缚,使得农民能够随心所愿卖出、抵押或出租土地,获得一笔可观的资金,进城务工经商,还有利于清除工业化和城镇化的障碍,更好地满足工业化和城镇化的土地需求,促进工业化和城镇化。例如,有学者说,集体所有的土地制度"是把农民束缚在土地上,阻碍城市化和工业化的制度。"② 也有学者说:"我认为中国问题的症结在土地,而土地私有化是其他国家在城市化过程中的必经之路,中国也不例外,中国还需要一场土改。"③

第四,可以消除土地管理和征地拆迁上的腐败、暴利和矛盾冲突,维护社会稳定。持该观点的学者认为以公有制为基础的现行土地制度造成中国大量的"圈地运动",加剧贫富差距的扩大。土地私有化可以明晰农地产权,从根本上保护农民土地权益,保证农民出让土地能够得到合理补偿,遏制"圈地运动",制止乱占耕地、低价补偿、土地闲置、抛荒、开发商暴富、侵占土地转让费、"三无"农民产生等不合理现象的发生,有效消除部分乡村干部在农村土地转让、征用、拆迁、使用和承包权调整分配中

---

①② 杨小凯:《中国土地所有权私有化的意义》,学者社区网站,2007年7月20日。
③ 文贯中:《中国应实行土地私有化》,载于《亚布力观点》2008年第9期。

的侵权谋私行为，缓和农村干群矛盾及土地方面的各种矛盾，减少社会冲突和突发群体事件，维持社会稳定。例如，有学者说："解决官员权力过大的最起码的办法，是减少他们手中能控制的资源，把土地权还给农民。"[①] 也有学者说："私有化只会化掉村干部定期按人口变化调整土地分配的特权，因而减少此特权引起的贫富分化"；"土地所有权私有化不但对经济发展有重大意义，而且对减少社会纠纷，安定社会，稳定地方财政有重大意义。"[②]

第五，适应市场经济的要求，再造中国经济政治制度的产权基础。有人认为，只有私有化、市场化、自由化和西方多党议会民主化才是最好的经济政治制度，才能实现经济持续有效发展，[③] 市场经济只能以产权明晰的私有制为基础，强调这是"经济学的常识"、国际惯例和普世价值，断言土地私有化是"优良的制度遗产"、现代经济学的"基本结论""全人类的智慧结晶"，中国不能也不应该例外。因此，中国必须实行私有化，不仅国有企业要进一步私有化，土地也要私有化，只有这样，才能做到产权明晰，适应市场经济的要求，中国改革的任务才能最终完成，才能建立与欧美发达国家一样的经济政治制度，也才能成为发达的现代化国家。甚至存在极端形式的农地产权神话："只要土地私有

---

① 陈志武：《农村土地私有化后结果不会比现在糟》，载于《财经时报》2005年10月8日。
② 杨小凯：《中国土地所有权私有化的意义》，学者社区网站，2007年7月20日。
③ 这是所谓西方主流经济学和"华盛顿共识"的理论观点。

化，中国一切问题都可以迎刃而解。"[1] 在主张土地私有化的人看来，土地私有化是灵丹妙药，一举多得：农民权益能够得到有效保护，农业规模经营和现代化才能实现，土地利用效率会大幅度提高，农民收入将大量增加并通过卖地而致富，"三农"问题可以从根本上解决，征地拆迁中的矛盾、侵权和腐败问题都将消失，市场经济能够顺利发展，工业化和城镇化可以更好推进，政治民主化有了更好的经济基础，更加有利于社会稳定的维持。何乐而不为？例如，有学者说："看看今天成功的国家，有哪个是以公有制成功的呢？答案不言自明。"[2] 也有学者说："没有理由拒绝继承包括土地私有制在内的本国优良的制度遗产，没有理由无视现代经济学关于产权和要素配置的基本结论，更没有理由挑战各国在产权问题上的历史教训和全人类的智慧结晶。"[3] 还有学者说："土地私有产权制度的建立，是建立市场经济和实现'现代化'的必要条件""是有效解决'三农'问题，加快中国城市化进程从而保证基本现代化目标实现的一个必要条件。"[4]

---

[1] 贺雪峰：《地权的逻辑——中国农村土地制度向何处去》，中国政法大学出版社 2010 年版，第 10 页。

[2] 陈志武：《农村土地私有化后结果不会比现在糟》，载于《财经时报》2005 年 10 月 8 日。

[3] 文贯中：《解决三农问题不能回避农地私有化》，中国经济学教育科研网，2006 年 5 月 22 日。

[4] 蔡继明：《中国土地私有的分步改革方案》，收录于《论中国土地制度改革》，中国财政经济出版社 2009 年版，第 160 页。

总而言之，土地私有化论者按照他们认为的现代西方主流经济学的基本原理推导出的土地私有化的理论逻辑是：土地私有化、自由化、市场化必然带来多方面的现代化效果。

一是土地私有化可以形成全国统一的土地市场，使得土地能够自由买卖、合理流转、资本化（卖地、入股、抵押贷款获资本）、转变用途，促进资本下乡，实行土地兼并集中，调整优化农业结构，实现农业规模经营、机械化和现代化，从而高效配置利用土地，导致土地增值，增加农民收益，达到农村繁荣，从根本上解决"三农"问题。

二是土地私有化解除了土地对农民的束缚，促进农民进城务工经商，实现农民非农化，有效转移农村剩余劳动力，有利于转变农地用途，实现农地非农化，从而满足工业化和城市化对土地与劳动力的需求，更好推进工业化、城市化和现代化，同时让农民分享工业化和城市化带来的巨大好处。

三是土地私有化能够"还产于民""还权于民"，把官方控制的资源，特别是最重要的资源——土地减到最小，铲除官权、特权、专制、腐败产生的经济基础，从根本上防止在土地问题上各种侵犯农民权益的行为，建立"宪政民主"制度的经济基础，消除特权腐败引起的贫富两极分化，使相对贫穷的农民致富，防止社会贫富不均，从而有助于实现政治民主化和现代化，维护社会稳定。

有学者总结道："现行土地制度有如此多的弊病，土地私有

# 第二章
中国农地私有化辨析

又会有如此多的好处,有什么理由拒绝试验和推广呢?"并且断言"农地私有化和城市化、全球化的结合,必然是一个多赢的结果。"①

## 二、土地私有化的谬误

在人类社会发展的不同历史阶段,不同的私有制特别是土地私有制,在其兴起和发展的时期,都曾经促进了社会经济的发展,无论是奴隶社会早期和中期的奴隶主私有制,还是封建社会早期和中期的地主私有制,特别是资本主义社会的资本家私有制,都曾经带来生产力的新发展,有时甚至是巨大的发展。但是,在这些社会的后期或晚期,私有制无不成为生产力进一步发展的桎梏,严重阻碍社会经济的发展,原有的私有制无不逐步被新的私有制取而代之。按照马克思主义理论,资本主义私有制最终将会被社会所有制即公有制取代。

笔者认为,正确判断中国现在到底应不应该实行土地私有化(主要是农地私有化),首先需要明确马克思主义政治经济学关于所有制和人类社会经济制度演进的大趋势的基本原理仍然具有科学性,并没有过时,以公有制为基础的社会主义和共产主义仍然

---

① 文贯中:《解决三农问题不能回避农地私有化》,中国经济学教育科研网,2006年5月22日。

是人类社会长远的发展方向。虽然私有制在全世界,在相当长的历史时期内,还拥有存在的合理性,还有生命力,也具有不能完全替代的作用,但私有制必然存在的剥削、不公平、贫富两极分化、与社会化大生产的矛盾等自身无法克服的根本性缺陷决定,私有制不会是永恒的,不可能是人类社会的终极所有制形式,最终还是会走向消亡,被本质上能够消灭剥削、实现共同富裕和社会公平,更好适应社会化大生产要求的,新的更先进、成熟、完善和优越的社会所有制或公有制逐步取而代之。不能因为私有制已经存在了几千年,现在世界上绝大多数国家实行的都是私有制,传统计划经济中的公有制经济发展不理想,以前实行公有制的大多数社会主义国家也都私有化了,现行的公有制也存在许多缺陷和问题,很不成熟、很不完善,就认为只有私有制才能适应市场经济的要求,才能实现资源的合理配置和高效利用,是唯一具有优越性的所有制形式,而公有制毫无优越性,已经失去了存在的理由。

正确判断中国现在到底应不应该实行土地私有化,同时还必须清醒地认识中国人口、土地和"三农"的特殊性。主张土地私有化的学者特别反感人们以中国国情为依据反对土地私有化,认为这只是一个借口,站不住脚,"是在幻想用'国情'来对抗经济规律",[1]强调土地私有化是必然趋势、普遍规律、国际惯例、

---

[1] 文贯中:《土地私有化才符合经济规律》,载于《经济观察报》2008年6月21日。

普世价值，中国不可能也不应该例外。实际上，任何国家的土地制度像其他任何制度一样，都要受到各个国家国情的影响，都会打上国情的烙印。中国农村发展面临的突出矛盾和问题主要是人地矛盾（人多地少）、小生产与大市场的矛盾、小规模分散经营与规模经济的矛盾、农业的弱质性与自然条件和农民致富的矛盾、农业落后与现代化和全球化的矛盾、工业化和城镇化与"三农"问题严重的矛盾。中国的国情决定，中国的现代化（包括农业现代化）必须走具有中国特色的发展道路。不能只是从"只有私有化、市场化、自由化和西方民主化才是最好的经济政治制度，才能实现经济持续有效发展"的理论教条出发，依据西方发达国家在工业化过程中主要都是在土地私有化基础上实现工业化、城市化和农业现代化，成为发达工业化国家的历史事实，简单地推论出中国现在实行土地公有制不合理，也应该实行土地私有化。新中国 70 多年的发展实践证明，中国既不能照搬"斯大林模式"，也不能"全盘西化"，照套欧美国家的模式。

中国为什么不能实行土地私有化，土地私有化的主张为什么是错误有害的呢？

## 1. 历史事实证明土地私有制并非万能

私有制不是万能的，土地私有化不是"三农"的出路。中国封建社会曾实行了几千年的土地私有制，农村始终没有改变贫穷落后的面貌，农民始终没有富起来，而是长期陷入"新朝代轻徭薄赋、均田兴农、经济发展—贪污腐败、苛捐杂税、横征暴敛、土地兼并集中、地主残酷剥削、贫富两极分化、民不聊生—农民起义、改朝换代"的循环之中。中国封建社会实行的是以封建地主、官僚所有为主要特征的土地私有制，不仅没有让中国农民富裕、农村繁荣起来，相反恰恰是中国近代贫穷、落后、挨打的所有制根源，也是中国共产党领导土地革命和土地改革的原因。这是谁也不能否定，胜过雄辩的历史事实。

有学者认为，几千年的土地私有制始终没有改变农村贫穷落后的面貌、农民始终没有富起来的论断，不符合中国几千年灿烂辉煌的文明史。封建制度的确比奴隶制先进，更有利于生产力发展，曾经带来封建时代的经济繁荣，但是，农业经济时代的生产力总体水平低下，封建社会的某些时期出现的所谓繁荣，主要是封建王朝和地主阶级的富裕繁荣，对农民而言至多不过是基本解决温饱问题，广大农民是谈不上富裕的。从总体上和长期来看，农业经济社会毕竟是比工业经济时代落后贫穷得多的经济形态，最终并没有带来社会经济的发达繁荣，更不谈广大农民的富裕幸福。可能有人会说，那是生产力和科技落后的结果，不是私有制的结果。但是生产力和科技为什么落后，长期得不到根本改变呢？难道与土地私有制以及建立在这种私有制基础上的封建王朝的统治没有关系吗？

还有学者提出，"导致王朝倾覆的大规模'民变'起因除了天灾就是'官逼民反'"，认为中国历代"农民战争"或"民变"、社会动乱主要是政府官僚欺压百姓造成的,不是土地兼并引起的,似乎也与土地的地主私有制无关。[①] 这种观点值得商榷。的确,土地兼并有可能主要不是由民间土地买卖引起的,而主要是由"政治性特权"掠夺造成的,但土地向官僚地主手中集中也是造成普通农民生活艰辛的基本原因之一。封建官僚不仅是地主阶级的代理人,而且大部分本身就是大地主。我们既不能简单地认为土地兼并导致了农民战争,也不能把农民战争简单归因为官僚压迫。

## 2. 中国土地私有化可能严重损害农民利益

土地私有化不仅不能保护农民的根本利益,相反可能导致新的贫富两极分化,严重损害农民的根本利益,可能使农民的处境更悲惨。有学者反对这种观点,认为"土地私有化会加剧贫富分化,造成社会不稳定""此论似是而非,完全不合经济学逻辑"。[②] 笔者认为这种反驳是无力的。

中国人多地少,农村剩余劳动力数量庞大,在农业落后、工业化和城镇化提供的农民转移就业和居住条件有限、社会保障制度不健全的情况下,土地私有化会很快导致农民贫富两极分化,造成"三无"农民大量增加,从而使得农民总体状况恶化。中华人民共和国成立初期,中国土地改革后就出现过这种情况。通过

---

[①] 秦晖:《"优化配置"?"土地福利"?——关于农村土地制度的思考》,载于《新财经》2001年第9期。

[②] 杨小凯:《中国土地所有权私有化的意义》,学者社区网站,2007年7月20日。

土地改革，无地和少地的农民都分到田地，在中国历史上第一次真正做到了"耕者有其田"，但在人多地少、农业落后的情况下，农村很快就开始出现了两极分化，天灾人祸、生老病死、劳动力缺乏等原因使得不少农民不得不卖地救急求生，重新失去土地，又由于缺乏能力和就业机会而无法进城务工经商，只有再次沦为无地雇农或等待国家救助的穷人。这正是中国农村走向社会主义集体经济道路的重要原因之一。而且，分散的小规模的小农经济无法独立抵御自然风险、市场风险、经营风险和家庭生活风险，难以开展农田水利等基础设施建设。在人多地少、工业化和城市化水平极低的中国，农业合作化、集体化是唯一出路。虽然中国在农村合作化、集体化过程中曾存在过急、过快、过猛及经营管理体制不合理等缺陷，但合作化、集体化的大方向是不能否定的。至于说目前已经存在的"三无"农民，主要是现行土地征用补偿制度不合理、社会保障制度不健全、农地非农化与农民非农化不协调等原因造成的，并不是实行土地公有制的结果。解决的办法只能是深化改革，完善土地征用补偿制度、社会保障制度等，推进工业化和城镇化，为农村剩余劳动力提供更多就业机会，实现农地非农化与农民非农化的协调合理。

在基本实现工业化和城镇化，城镇化率达到70%，城乡统一、覆盖全社会的社会保障制度建立起来以后，中国农地私有化是不是就不会导致农民贫富两极分化，造成大量"三无"农民，是否就可以实行农地私有化了呢？笔者认为依然不行。因为在城镇化率达到70%时，中国人口也将至少达到14亿，也就是说农村人口仍然还有4.2亿。2011年中国总人口13.5亿，15~64岁劳动年龄人口10.4亿，占总人口的比重是74.4%。[1] 考虑人口老龄化的影响，按照劳动年龄人口占总人口60%的比重计算，基本实现工业化和城镇化后的中国农村劳动力还有2.52亿。2010年，美国拥有可耕地24.45亿亩，农业就业人口只有284.6万，从事农业生产经营的劳动力的人均耕地859亩。[2] 中国按照20亿亩耕地和2.52亿农村劳动力计算，每个农业劳动力平均耕地只有不到8亩，美国现在是中国未来的129倍。如果按照美国的农业现代化方式，建立以私有制为基础的家庭农场，搞农业规模化、集约化、机械化经营，中国把20亿亩耕地通过私有化、市场化集中到"种田能人"手中，只需要200多万农业劳动力就可以了。2.5亿农村剩余劳动力将成为无地农民，也不可能到私人农场去打工，因为务农的200多万农业劳动力中已经包含被雇用的农工，再加上工业化和城镇化已基本实现，城镇也不可能再提供很多的非农就业机会，失地农民也难以大量进城务工经商，成为难以转移的农村剩余劳动力。[3] 他们到哪里去？干什么？如何生存？他们很可能无地可去、无事可干，只能依靠社会保障。虽然他们不是

---

[1] 《中国统计年鉴（2012）》。
[2] 世界银行：《2012年世界发展指标》。
[3] 这里，特别诚恳地希望主张中国农地私有化的学者一定冷静、清醒、实事求是地思考一下我提供的上述一组数据所反映的国情。

"三无"农民而是"二无"农民（无地、无业），但数以亿计的"二无"农民长期靠社会保障过日子，社会保障负担得起吗？能够持续吗？又怎样致富？土地私有化将使他们没有出路。笔者认为，只有坚持和完善土地公有制及其经营方式，建设社会主义新农村，才能解决还要留在农村的数以亿计农民的生存和致富的问题，具体途径将在本书第三章展开论述。

有学者提出，既然资本可以私有化，由企业主掌握资本，工人被雇用进企业做工，不仅解决了工人的就业问题，而且带来了制造业的大发展，合理、合法、有益，为什么就不能让农地私有化，从而使得土地向"种田能人"手中集聚，再由他们雇用农民种地，进行农业规模经营和集约经营，大大提高农业劳动生产率，实现农村经济繁荣呢？他们认为这是对农民的歧视和不公。[①] 问题是实行土地集中大规模集约经营的私人农场或"种田能手"雇用不了数量庞大的失地农民，更不谈私人农场或"种田能手"会实行效率更高的农业生产经营的机械化、信息化、自动化、社会化，会大量减少对农业劳动力的使用和需求，卖地或失地的农民去哪儿？干什么？怎么安置？私有化解决不了这些问题。而且，资本私有化与农地私有化是不一样的，中国的资本私有化，主要不是通过将公有的资本分配给个人实现的，而主要是允许、鼓励

---

① 文贯中：《现行土地制度已成中国现代转型的桎梏》，载于《东方早报》2012年1月18日。

民间投资和引进外资形成的,资本也不是全部私有化了,而是部分私有化,还有相当一部分资本是公有制的,以国有企业为主体的公有制经济仍然处于整个国民经济的主导地位。而农地私有化则只能是将公有制的农地重新分配给农民个人,而且农地必须全部实行私有化,因为农地私有化必须对所有农民一视同仁,必须让集体内的每一个农民都能分配到同样数量的土地。农地私有化将会使得中国农村公有制经济完全变成私有制经济,会造成多重严重的经济社会后果。

## 3. 土地私有化不能保证"耕者有其田"

什么是"耕者有其田"? 就是耕者(即种田者或务农者)拥有自己的土地,耕种的是自己所有的土地,所谓"自己所有的土地",可以是耕者个人或家庭拥有的土地,也可以是耕者共同所有的土地。耕者如果耕种的是别人所有的土地,包括租种别人的土地或者被雇用到别人的土地上耕种等,就是"耕者无其田"。土地是农业生产经营最主要的生产资料,是农民的命根子,是农民的根本利益所在,是农民不受剥削的根本条件,耕者有其田是农民世世代代的追求。几乎所有主张土地私有化的论者都认为只有土地私有化才能做到耕者有其田,但是实际情况恰恰相反。土地私有制不能做到耕者有其田,甚至有可能使土地集中在少数不种地的人手中,造成耕者无其田,中国几千年封建社会中许多农民少地或无地的历史事实就是明证。即使是通过土地改革把地主的土地私有制转变为农民个人或家庭的土地私有制,也不可能保证耕者有其田,因为农民可能因为自然风险、市场风险、经营失败、人身家庭变故等原因而破产失地。土地地主私有制中的雇农、佃农,以土地私有制为基础的资本主义农场或家庭农场中的农业雇工,都是耕者,都无其田;相反,土地耕者集体所有或共同所有的公有制却能保证耕者有其田,因为耕种的是他们自己共有的土地,除了国家必要的合理征用之外,农民一般不可能失去共有的土地。

## 4. 中国土地私有化不可能使大部分农民通过卖地致富

实行土地私有化的确使得农民有了完全的土地产权,能够按照自认为最有利的方式自由使用、处置和转让,有人据此认为土地私有化能够保障农民的合法权益,使得农民得不到高额补偿就可以不转让,甚至能够要高价,通过卖地致富。然而,农民是弱势群体,分散、组织化程度低,没有政府和制度的保证,即使土地私有化,也缺乏定价权和自由买卖权,土地转让价格不可能由农民决定,甚至连转不转让都要受制于人;中国大多数农地远离城市和交通线,难以改变土地用途,大多数农地并不那么值钱,特别是中国农民人均土地少,大多数农民出售私有土地的收益有限,不足以保证其生存,更谈不上发财致富。中国大部分农民都不可能通过土地私有化、实现自由买卖和改变农地用途获得巨额土地增值收益。

的确，工业化和城镇化能够使土地大幅度增值，大城市郊区的农地价格可能上涨到上百万元人民币一亩，可能给土地被工业化和城镇化占用的农民带来巨额的土地增值收益。但是，大部分农民不可能卖地致富。因为，不是什么土地都存在增值收益，不是大部分农地，更不是全部农地都能产生大量增值收益，只有工业化、城镇化已经和将要开发及占用的那部分土地才能有较多的增值收益。即使是由于土地的稀缺性，土地价格可能存在上涨趋势，但这种上涨是长期的、缓慢的、有限的。

而且，土地增值收益不应也不能完全由失地农民独享。土地增值收益的分配，首先必须考虑土地为什么会大幅度增值、如何兼顾相关利益者的权益、怎样才能更有利于经济社会的发展。工业化和城镇化占用的土地之所以能大幅度增值，主要是因为国家和其他投资者大量投资，进行了"七通一平"（通路、通水、通电、通气、通邮、通信、通航，平整土地）等基础设施的建设和城市及工商业项目的建设，推进了工业化和城镇化进程。工业化和城镇化既增加了土地的需求又改变了土地的用途，而工商用地的经济效率远远高于农业用地，土地因此而大幅度增值，地价因此而大幅度上涨，而不是由于失地农民改良了原来占用的土地或改变了土地的地理区位而增值的。所以，土地增值收益必须在国家、相关投资者和土地被征用的农民之间合理分配。首先，要保证处于弱势地位的失地农民的合法权益，而且也要给国家和相关投资者必要的补偿或回报，使国家更有能力、投资者更有积极性进行基础设施和城镇及工商项目的建设。[①] 目前在征地拆迁方面最突出的问题是土地增值收益国家和开发商拿到的太多，失地农民获得的太少，严重影响发展和稳定。造成这种状况的主要原因不是土地公有制，而是其他相关制度和管理存在缺陷，特别是征地制度和补偿制度不合理、不完善。解决的办法不是土地私有化，而应该是深化改革，完善相关制度法规和严格执法，加强监督和管理，确定土地增值收益分配的合理原则和比例，真正保障失地农民得到应有的补偿。什么是失地农民应得的合理补偿呢？笔者认为，可以参考世界银行贷款项目的工程性移民的补偿标准，[②] 应该是以保证失地农民的就业和基本生活无忧为最低标准。

## 5. 土地私有化会使中国农民丧失最后一条保障线

在城乡统一的社会保障制度还没有建立起来的条件下，土地是农民的最后一条保障线，土地私有化和自由转让有可能使农民丧失这最后一条保障线。因为天灾人祸、生老病死、妇幼伤残、务工经商和农业经营失败、丧失生产能力使得农民都有可能卖地

---

[①] 因此，笔者认为土地财政是有一定合理性的，适当的土地转让费应该是地方财政收入的来源之一，政府得到的合理的部分土地增值收益是对政府整治国土、进行基础设施投资的必要的回报，这有利于地方的建设和发展。土地增值收益究竟应该如何合理分配、农地征用和补偿制度到底应该怎样完善、土地财政应该如何全面正确认识以及合理有效形成和使用等，本书后面将有专门论述。

[②] 世界银行贷款项目的工程性移民的补偿标准是：要求工程方必须保证征地拆迁的农民的稳定就业或者收入来源、生活水平不下降并且有所提高。

救急，丧失最后一条保障线，造成严重后果。而保持农地的公有制，农民一般不会丧失土地这一条最后保障线，使得农民在城镇务工经商失败以后，还有一条退路——回家种田。

有学者认为土地私有化会使中国农民丧失最后一条保障线的说法是非常荒谬可笑的，保障农民本来就应该是政府的职责。[①]笔者认为，这些学者在这方面不仅产生了误解，而且发生了偷换概念的错误。这里所说的"保障线"不是"社会保障线"，保障与社会保障是两个有区别的不同的概念，是不能等同和混淆的。我们这里所说的"保障"是指社会居民（包括农民）的生活（主要是生存）保障，即人们衣食住行、生老病死、婚丧嫁娶、教育、就业、收入等方面的基本需要的满足或保证。谁来保障呢？个人、家庭和社会。首先应该由自己个人和家庭来保障，因为不这样，人们就可能自己不努力，完全依赖政府来保障，躺在社会保障里过日子，而完全依靠政府或社会保障是不可能的，也是不合理的；然后才是由社会来提供保障，即社会保障，尤其是在个人和家庭自身无法保障的情况下，更是要由社会来提供保障。社会保障主要是政府的责任，政府的确应该努力建立全社会统一、合理、完善的社会保障制度，但这种社会保障的费用很高，短期内难以做到。在全社会统一、合理、完善的社会保障制度建立健全之前，人们还得主要依靠自己和家庭保障，农民还得以自己拥

---

① 秦晖：《农民地权六论》，载于《社会科学论坛》2007年第9期。

有或共有的土地作保障。社会保障制度建立起来以后，就不一定需要土地保障了。那么，说在全社会统一、合理、完善的社会保障制度建立健全之前，土地还是中国农民的"最后一条保障线"，有什么错呢？讲土地私有化可能使得农民失去土地从而丧失"最后一条保障线"，又有什么不正确呢？

的确，农民在改革开放前后都为新中国的工业化、城镇化和经济发展作出过巨大贡献，现在"三农"问题突出，农业还比较落后，农民收入较低且增加困难，农村比较贫穷，在这种情况下，建立农民的社会保障制度应该主要是政府的责任，不能长期靠土地、靠农民自己保障。但是中国有7亿农民（包括2亿多农民工），需要的农民基本社会保障基金是一个庞大的数字，是短期内难以筹集起来的，更何况现在政府财力仍然有限，所以在全面建设小康社会阶段，农民在相当程度上还得依靠土地保障。土地私有化则使得农民有可能丧失这条不能没有的保障线，可能带来严重的不良后果。

## 6. 土地私有化不一定能消除土地抛荒，也不一定利于规模经营和基础设施建设

中国现在存在土地抛荒现象，虽然与农地的公有制和不能自由买卖有一定关系，但主要原因不是农地的公有制和不能自由买卖，而是种田的比较收益太低，外出务工经商收入一般比种地高而且比种地轻松，以及把承包地租给别人的租金太少或租不出去。

即使是土地私有化了，土地可以自由买卖，但如果卖价太低，农民一般会等待涨价再卖；假若要价太高，又会没人买；如果还是种田的比较收益太低，外出务工经商收入比种地高而且轻松，把私有的土地租给别人的租金太少或租不出去，一样也会出现土地抛荒。

改革开放以来，中国农村不少地方之所以农田水利基础设施退化，不仅年久失修而且新建很少，靠吃改革开放前30年农田水利基础设施建设的老本，近年来不得不由国家加大这方面的投入，其主要原因在于实行家庭承包经营制、分田单干以后，集体经济实力大大削弱，往往无人也无力关心负责公共基础设施建设了。[①] 如果土地私有化，这种现象只会更严重。虽然土地私有化和自由买卖能够促进资本下乡，实行土地兼并，有利于土地向"种田能手"集中，有助于实现农业规模经营和机械化，有实力和动机开展农田水利基础设施建设，但这样会在提高农业劳动生产率的同时减少农业对劳动力的需求，造成大量农民失地、失业。如果种田的比较收益依然太低，农民卖地要价太高或待价而沽，农地同样分散在大量小农户手中，不能实现集中规模经营，仍然会出现土地抛荒现象。实际上，在中国农民数量庞大、人多地少，土地分散在数量巨大的小农户手中的情况下，土地公有制更有利于在

---

[①] 贺雪峰：《地权的逻辑——中国农村土地制度向何处去》，中国政法大学出版社2010年版，第132、331页。

集体内部实现土地连片规模经营和集中力量进行农田水利等基础设施建设，中国现在像华西村、刘庄、战旗村、南街村等先进的农村都是这样做的。相反，实行土地私有制在这方面只会更困难。

有学者指出，"世界上仅有不超过10个大农场国家，能够有条件实现土地规模经济、产生农业规模收益，它们几乎全部是在殖民化进程中大规模杀戮当地土著、开疆拓土的产物。除此之外，欧洲那些发达国家虽然市场化了几百年，却都没有实现教科书中才有的'规模经济'，至今还是以小农场为主，而且2/3的农业经营者还是兼业化的。""即使实现土地规模经济的美国，其农业也没有完全按照自由市场的教条化理论运作。众所周知，美国大农场得到的政府补贴，比任何一个发展中国家都多得多。"[①]

## 7. 土地私有化不能完全消除与土地有关的腐败现象

虽然土地私有化可以让农民获得完全的土地产权，使得各方面各种侵犯农民土地权宜的行为更加困难，有助于从根本上避免农村干部利用权力在集体土地征用、流转和分配使用中谋取私利，但是土地私有化不能完全消除与土地有关的腐败现象。土地是一种关系人口生存而又不可再生的有限的具有空间垄断性、不可流动性和地理区位不可替代性的基本资源，其用途不可能完全市场

---

① 温铁军：《我国为什么不能实行农村土地私有化》，载于《红旗文稿》2009年第2期。

化，许多国家包括西方发达国家对土地的使用都会有程度和内容不同的管理与限制，为了公共利益也要征地。[①] 只要有征用、管理和限制，就可能产生官僚主义，出现行贿受贿、寻租腐败现象，即使是实行土地私有制和多党议会民主制的国家也不可避免，有的甚至更严重。

## 8. 土地私有化提高工业化和城镇化的成本，不利于土地配置效率提高

土地私有化和自由买卖不仅可能导致土地向少数人手中集聚，产生土地食利阶层，还可能发生漫天要价与贱卖轻甩的现象。贱卖轻甩会造成土地资源浪费，损害农民利益；漫天要价则会提高土地转让价格，使土地所有者获得不应该得到的土地增值的全部收益。从而加大工业化和城镇化的成本，难以合理获得工业化和城镇化必要的土地，不利于提高土地配置效率（因为土地的工业化和城镇化利用的效率远远高于农用），无益于工业化和城镇化的推进。因而也有害于"三农"问题的有效解决，因为推进工业化和城镇化是解决"三农"问题的根本途径之一。土地私有化还可能像印度等国那样，形成真正的"钉子户"，使得必要合理的征地拆迁无法顺利完成，严重妨碍国家的基础设施和城市建设。

不能把农地非农化都称为不合理的圈地运动，只有利用特权

---

① 秦晖：《关于农村土地制度的思考》，载于《经济观察报》2004年11月13日。

和暴力,强行剥夺或低价大量征收、圈占农民土地的行为,才是所谓的圈地运动。必要的、合理合法的、给失地农民合理补偿又不闲置浪费的征地,是在保护农民利益的前提下有利于推进工业化、城镇化和经济社会发展的行为。

## 9. 土地私有化可能导致城市"贫民窟"化

土地私有化的确可以起到逼农民进城、加快城镇化步伐的作用,因为土地出卖以后,他们在农村已无立足之地,再加上土地集中、机械化耕种、农业规模化集约化经营只需要很少的劳动力,大量失地农民只能迁移到城镇谋生。但是这不是工业化和经济发展带来的水到渠成的城镇化,只可能是过度城镇化、病态城镇化。有学者指出,"如果任由土地私有化和自由买卖,结果非但不是快速、低成本地实现工业化和农业现代化,反而一方面农村凋敝,小农破产,无地则反;另一方面,失地农民大批涌进城市而难以就业,实现的不是城市化而是城市贫民窟化"。[①]

## 10. "三农"问题存在的根本原因不是土地公有制,出路也不是土地私有化

目前,中国存在的突出的"三农"问题的根源不在土地公有

---

① 温铁军:《我国为什么不能实行农村土地私有化》,载于《红旗文稿》2009年第2期。

制，农业分散、小规模经营、土地抛荒、难以合理流转、土地征用和补偿不合理、部分"三无"农民出现、各种涉农腐败问题的产生、农民利益受损害等现象产生的原因也不是土地没有私有化，这些问题存在的主要原因是土地使用、流转、征用、补偿的制度有缺陷，经营管理有问题，户籍制度、就业制度等改革的任务还没有完成，城乡统一的社会保障制度没有建立，而最根本的还是没有实现工业化和城镇化，能够转移的农村剩余劳动力还有相当部分没有转移，农业也还没有实现现代化，社会主义新农村还在建设之中。这些问题及其原因并不是土地公有制的必然，也不是不可克服的。因此，中国"三农"问题的根本出路不是土地私有化。

如何实现土地合理规模经营与农业现代化，提高土地利用效率，有效保护农民的利益，让农民分享改革发展的成果和土地增值的收益，从根本上解决"三农"问题呢？笔者认为，解决"三农"问题的基本途径应该是"三化一新加反哺"，即推进工业化、城镇化、农业现代化（包括农业的产业化、机械化、信息化、特色化、绿色化、优质化、多业化、高效化）和社会主义新农村建设，实行工业反哺农业、城市支持农村。在制度上，主要是坚持和完善农村集体所有制及其经营方式，改进和完善家庭承包经营制，建立和健全农地合理流转、占用、补偿制度，进一步改革户籍制度和劳动就业工资制度，尽快建立城乡统一的社会保障制度（"三农"问题的根本出路，本书在第三章还将进一步具体说明）。

## 11. 土地私有化不利于保障中国的粮食安全

粮食安全是关系到中国民生和国家独立自主、长治久安的至关重要的大问题，保证粮食安全必须主要依靠自给，保证粮食自给又必须保护种粮用地。有人认为，"当今全球粮食安全的最大威胁恰好就是自给自足的政策。相反，依靠贸易和交换（国内的和国际的）才能保证粮食供给的安全。"[①] 市场完全可以解决粮食问题，依靠国际市场更安全，在经济全球化和市场化条件下，粮食短缺必然引起粮价上涨，刺激世界各国扩大粮食生产，依靠国际市场完全可以满足中国的粮食需求，根本不用担心。但是，他们没有看到，中国有 14 亿人口，粮食需求巨大。2010 年中国全年粮食总产量达到 54641 万吨，2010 年全世界粮食出口总量为 27554.5 万吨，[②] 由此可见，依靠国际市场远远不能满足 14 亿人口的粮食需求。中国粮食需求的满足依靠任何别的国家或世界市场都是没有保证、不可持续的，而且吃饭的问题依靠别人，必将受制于人，是非常危险的事情，只能主要依靠自给，把"饭碗"掌握在自己手中。即使土地的工业化和城镇化利用的效率远远高于农用，也要合理保护耕地特别是种粮用地，以保障十几亿人的

---

① 茅于轼：《为什么市场能够保障粮食安全?》，载于《中国发展观察》2010 年第 7 期。

② 刘忠涛、刘合光：《世界粮食贸易现状与趋势》，载于《农业展望》2011 年第 5 期。

粮食安全。而土地私有化让农民获得完全自由使用、转让、改变用途的权利，使政府难以调控土地的使用，有效实行严格的耕地保护，从而影响粮食安全的保障。

## 12. 土地私有化不利于维持社会稳定和坚持社会主义方向

上述分析说明，土地私有化可能产生多重危害：一是会使中国农民丧失最后一条保障线，导致土地向少数人手中集聚，加剧农村贫富两极分化，大量增加"三无"农民，其必然涌向大中城市，引起过度城市化，形成大面积"贫民窟"，造成城市环境的脏乱差和治安恶化，严重危害社会稳定；二是增加合理农地非农化的成本和困难，不利于工业化和城镇化的有效推进；三是造成农村公共基础设施的退化和建设困难，加剧中国粮食风险，无益于社会主义新农村的建设和"三农"问题的最终解决。

世界经济发展史表明，在工业化和城镇化快速推进与经济社会发生巨大变革的时期，往往会发生激烈的社会矛盾冲突和剧烈的社会动荡。改革开放以来，在工业化、城镇化、经济市场化、全球化大规模加速推进，经济社会发生巨大变革和转型的情况下，在工农、城乡、地区、收入差别扩大及农村剩余劳动力数量特别庞大的条件下，中国之所以保持了社会的基本稳定，没有出现严重的过度城镇化和大面积的城市"贫民窟"，没有发生剧烈的社会动荡，一个重要原因是没有实行土地私有化，给全体农民保留了最后一条保障线。基本保持农地的公有制性质和不能自由转让的制度安排,功不可没。土地非私有化是中国现阶段发展、改革、稳定的重要条件。

土地私有化并非一无是处,私有化可以让农民获得完全的土地产权,使得各方面各种侵犯农民土地权宜的行为更加困难,有助于从根本上避免农村干部利用权力在集体土地征用、流转和分配使用中谋取私利,可能有利于资本下乡、土地资本化、刺激农民增加农业投入、实行土地集中规模经营,但弊大于利,会造成许多严重后果。有人认为,中国之所以反对土地私有化,完全是出于政治制度和意识形态的需要考虑,其实不然。经济决定政治,之所以中国土地不能私有化,农地必须坚持集体所有制,首先是从根本上维护农民利益、解决"三农"问题、实现农业现代化、促进工业化和城镇化、防止农村贫富两极分化,最终走向共同富裕的经济需要,其次才是坚持社会主义和共产党领导,维持社会稳定的政治要求。

## 三、中国不能实行以私有制为基础的家庭农场制度

西方发达国家实现了农业规模经营和现代化,农村现在普遍实行的是以私有制为基础的家庭农场制度,中国农业规模经营和现代化是否也可以走家庭农场这条路呢?笔者认为不能。为了正

确认识这个问题，我们首先简略回顾西方发达国家工业化过程中农村经济制度和生产经营方式的演变过程。

## 1. 西方发达国家工业化过程中农村经济制度和生产经营方式的演变

一般来说，多数西方发达国家工业化过程中农村经济制度和生产经营方式经历了三个阶段的演变过程。

第一个阶段是工业化开始前，农村主要依靠人力、畜力，运用手工技术进行分散、小规模的自给自足的农业生产，实行的是地主庄园与个体农户并存、以地主庄园为主体的经济制度，这是极为落后的农村经济制度和生产经营方式。

第二个阶段是工业化初期，随着机器大生产和雇佣劳动制度的出现及其向农村和农业的扩散与渗透，农村经济开始由以人力、畜力和手工技术为主向以化学、物理学动力（石化能源）和机械技术为主转变，农业实现初步机械化，使得农业劳动生产率提高，生产规模扩大，逐步走向规模经营。与此同时，农业也开始雇工经营，出现了大量的资本主义农场，即由农场主（农业资本家）租用地主（可能也包含他们自己拥有的一部分）土地，雇用农业工人进行耕种，以取得农业利润，资本主义农场制逐步取代地主庄园制，成为占主导地位的农村经济制度。

第三个阶段是工业化中后期。首先，由于社会分工的深化、生产经营专业化和协作程度的提高、农业高度机械化的实现，使得农业劳动生产率进一步大幅度提高,即使耕种大面积的土地(如美国的家庭农场耕种成千上万亩土地),也不需要很多劳动力,少量的劳动力就可以耕种大量的耕地,家庭农场就能实现农业的规模经营。其次,由于农业生产时间的季节性、空间的广阔性和分散性,使得农业对劳动力的需求也具有农忙时多、农闲时少的季节性特点,常年雇用大量农业工人会加大用工成本,农业生产的空间广阔性和分散性又造成劳动监督困难、内部管理成本过高,使得农业生产经营不是耕种的土地、雇用的农业工人越多越好,相反,耕种的土地、雇用的农业工人过多,经济效益反而会下降。再加上农业生产的过剩,雇用较多农业工人的资本主义农场利润下降,这些都使得许多资本主义大农场解体变形,资本主义农场制度走向衰落。取而代之的是以家庭成员为主的家庭农场制度,家庭农场制度成为西方发达国家现代农村的主要经济制度。与此同时,又由于农业生产经营受自然条件特别是气候的影响较大,即使实现了农业规模经营的家庭农场,相对广阔的大市场甚至是国际市场而言,经营规模仍然有限,再加上农业生产经营的分散性,农业的这种弱质性使得家庭农场面临巨大的自然风险、市场风险、经营风险,单家独户难以应对。因此,西方发达国家的家庭农场为了应对上述风险,通过建立行业协会、供产销合作组织等,实行多方面、多形式的经营合作。同时,为了保持农业生产经营的稳定性,西方发达国家普遍对农业实行扶持政策,给予农业大量财政补贴。① 由此可见，合作经营和政府扶持是现代农村经济发展的普遍趋势，西方发达国家的现代农村经济制度和生产经营方式，主要是以家庭农场为基础的合作经营。这是我们在探讨现代农村的经济制度、组织形式和生产经营方式时尤其值得关注的重要现象。

## 2. 中国农村为什么不能实行以私有制为基础的家庭农场制度

既然实现农业规模经营和现代化的西方发达国家农村大多数都是实行的以私有制为基础的家庭农场制度，为什么中国农村不能也实行以私有制为基础的家庭农场制度呢？笔者认为主要原因在于以下五个方面：（1）中国人多地少，人多决定农村劳动力即使在工业化和城市化实现之后还可能长期保持在20%~10%以内，不可能像美国那样农业劳动力不到总劳动力的2%，还会有相当数量的农民不能非农化；（2）由于要非农化的农民的数量十分庞大、数以亿计，不可能全部市民化，即使是非农化的农民，也会有相当部分只能是"离土不离乡，进厂不进城"；（3）地少决定农户占有的耕地也不可能很多，更不可能像美国家庭农场那样耕种成千上万亩土地，经济实力也不易增强，只有重新联合起来才

---

① 参见樊亢、宋则行：《外国经济史》，人民出版社1983年版；文礼朋：《19世纪末20世纪初西方国家农业资本主义的失败》，《发展经济学论坛》2006年第1期。

更有力量应对市场风险、自然风险和经营风险,所以中国的现代农村也不能像美国那样建立在私有制的家庭农场基础之上;(4)在人多地少的情况下,即使实现农业机械化、现代化,农户仅靠种地也很难致富,要增加农民收入,使得工业化和城镇化实现以后还要留在农村的数以亿计的农民生存和致富,必须延长农业的产业链,发展农产品深加工,增加农业的附加值,同时发展各种特色农业、绿色农业、高加工度和高附加值农业、优质农业、高效农业和农村服务业,实行产业多元化、兼业化经营和分工协作专业化,这也是只有少量劳动力的家庭农场很难办到的;(5)即使采取"公司加农户"的生产经营方式,深加工的收入主要也会落入公司手中,农民收入增加有限,所以必须探讨更适合中国的现代农村的经济社会制度、组织形式和农业经营方式。

## 3. 中国应该主要实行以集体所有制为基础的集体经营方式

什么是农地或农业的规模经营?[①] 单个农业经营单位(农户、农场、农业经营公司、新农村)经营多少土地才能形成规模,才能称之为规模经济?实际上,农地的规模经营很难有一个全世界统一的准确的数量测度标准。单个农业经营单位是经营100亩农

---

① 由于农地是农业生产经营的基础,农业经营的规模主要由土地规模决定,所以农业规模经营主要就是农地的规模经营。

地，还是经营 1000 亩或 10000 亩农地，才能说是实现了规模经营呢？其实很难判定。而且不同的国家人均耕地数量不同，经济发展、国民收入和技术水平、农业发展程度差别也很大，农业规模经营的情况不可能完全一样。例如，美国是公认的农业实现农业规模经营和现代化的国家，2010 年美国拥有耕地 24.45 亿亩，主要由家庭农场耕种，而家庭农场有 214.3 万家，农业就业人口 284.6 万，每个家庭农场平均使用农业劳动力不到 2 人，[①] 每个家庭农场平均可耕地达 1000 多亩，每个农业劳动力平均可耕地达 500 多亩。如果以美国单个家庭农场经营耕地 1000 亩为农业规模经营的衡量标准，中国 20 亿亩耕地，即使城市化率达到 90%，也有数以亿计的农民，也实现不了美国这样的农业规模经营。所以邓小平提出中国农业要实现的是"适度规模经营"。[②] 笔者认为，可以把一个国家农户收入能够达到本国比较富裕或"中产阶级"平均收入以上水平所必须经营的农地数量、农业经营单位农业经营收入达到社会平均收入以上必须经营的农地数量作为标准，来判断本国农业是否实现规模经营。根据有关学者的调查研究，中国现在的中部地区，"若一家有 20 亩田，那日子就很小康了"。[③] 如

---

① 美国农业部农业资源管理调查 2010（USDA Agricultural Resource Management Survey）。

② 《邓小平文选》（第三卷），人民出版社 1993 年版，第 355 页。

③ 参见贺雪峰：《地权的逻辑——中国农村土地制度向何处去》，中国政法大学出版社 2010 年版，第 259 页。

果要达到比较富裕的水平，每家农户就需要经营 30~40 亩地。

上述这种农业规模经营，在 20 亿亩耕地分散承包给几亿农民、不实行集体经营的条件下是很难实现的。实行农地所有和使用的私有化与完全市场化虽然可以促进资本下乡和农地流转，使农地向家庭农场和种田能手集中，实现农业的规模经营，提高农地资源的配置效率，但是如前所述，中国农地私有化和完全市场化会造成许多严重的经济社会后果，使数以亿计的农民生存和致富以及粮食安全没有保障，所以中国不能通过农地私有化和完全市场化来实现规模经营。那么，中国通过何种途径来实现农地在农业内部的合理流转、规模经营和优化配置呢？[①] 笔者认为可以通过新农村内部和外部两个层次的流转和集中来实现。一是在新农村内部实行合理的分工协作专业化，通过承包地回收、转让、转租等途径集中起来，组建专门从事农业的生产机构，聘请新农村内外的种田能手耕种。二是地理位置相邻的新农村自愿合并，由小规模新农村转变为大规模新农村，从而实现农地和农业的更大规模的经营。华西村、刘庄、南街村等就是这样做的，实践证明是有效的，既能够实现农业的机械化、产业化、规模化、集约化、现代化，又可以避免农地私有化和完全市场化带来的危害。

---

① 由于农地向农业外部的流转即农地非农化不属于农地本身的所有制和经营方式问题，再加上篇幅有限，这里只讨论农地在农业内部的合理流转、规模经营和优化配置问题。

# 第三章

# 中国解决"三农"问题的根本路径

## 一、"三农"问题及其产生的原因

党的十八大以来,党和政府一直强调指出"解决好'三农'问题始终是全党工作重中之重",党的十九大报告明确指出,"农业农村农民问题是关系国计民生的根本性问题,必须始终把解决好'三农'问题作为全党工作重中之重"。怎样才能从根本上解决"三农"问题呢?笔者认为,首先必须正确分析认识"三农"问题产生和突出的原因。

造成"三农"问题突出的原因是多方面的,其根源不在土地公有制。农业分散、小规模经营、经济效益不高、农民收入大量增加困难、土地抛荒与难以合理流转、部分"三无"农民出现、工农和城乡差距扩大、地价房价过高、农民工不能顺利实现市民化、留守儿童与老人和"空巢家庭"问题突出、人口城镇化滞后于土地城镇化、城镇化"化地不化人"、农民不能与市民共享工业化和城镇化的成果、各种涉农涉地腐败问题严重多发、失地农民得不到合理安置和补偿、农民合法权益被侵犯损害等现象产生的原因也不是土地没有私有化、市场化,这些问题存在的主要原因是土地使用、流转、征用、补偿的制度有缺陷以及经营管理有问题,户籍制度、社会保障制度、就业制度、教育制度、医疗卫生制度等城乡有别的"二元制度"改革任务还没有完成,最根本的还是工业化和城镇化尚未实现,能够转移的农村剩余劳动力还有相当部分没有转移,农业也还没有实现现代化,社会主义新农村还在建设之中。这些问题及其原因并不是土地公有制的必然,也不是不可克服的。

## 二、从根本上解决"三农"问题的途径

改革开放以来,对解决"三农"问题的途径,经过了从做"加法""减法"到"三化一新加反哺"的探讨。

中国农村的出路何在,解决"三农"问题的根本途径是什么?除了土地私有化、市场化的主张之外,有的人说要做"加法",增加农业投入,发展农业生产,振兴农村经济;也有的人认为要跳出农业这个小圈子,靠工业化和城镇化才能解决"三农"问题,主张在"三农"问题上要做"减法",最根本的是要

减少农民，让农民非农化，到第二、第三产业去就业，因为只有这样，才能既增加农民的非农收入又有利于提高农业劳动生产率。而减少的农民到哪儿去呢？必须依靠工业化和城镇化提供就业机会。笔者在2002年也曾经提出用"三化"解决"三农"问题[1]，即用农业产业化解决农业落后的问题，用农村城市化解决农村贫穷的问题，用农民非农化解决农民收入低的问题。现在看来上述这些观点虽然都有正确的一面，但都不全面。

的确，大力发展农村经济是解决"三农"问题的重要途径，但仅靠这一条是远远不够的。就是发展农村经济，也还有一个怎样发展的问题，特别是通过何种农村经济社会制度和组织形式才能发展的问题。20世纪80年代，中国通过推行家庭承包经营制，极大地调动了农民生产经营的积极性，促进了农村经济的大发展，但是，实践证明现在仍然依靠这一点已经不行了。家庭承包经营制不能从根本上解决农业生产分散、小规模、效率低的缺陷，难以克服小生产与大市场的矛盾。如果仅靠家庭承包经营制就能不断地促进农村经济的大发展，也就不会出现如此严重的"三农"问题。因此，必须进一步进行制度创新，寻求更加完善的农村经济社会制度和组织形式。这里并不是说短期就要取消或改变农村家庭承包经营制，而是指要发展、完善这种制度，还要创造新的

---

[1] 简新华：《解决"三农"问题的根本途径》，收录于《中国经济热点问题探索》，经济科学出版社2002年版，第453页。

制度和组织形式。

的确，由于土地资源有限，受水土气候等自然条件影响大，农业是弱势产业，农产品需求弹性小，解决"三农"问题仅仅局限于在农业这个小圈子做"加法"是不够的，仅仅依靠农业本身来挖掘增收的潜力也是有限的，必须在"三农"问题上做"减法"，提高农业劳动生产率，减少农民数量。只有转移农村剩余劳动力，减少农村人口数量，实现农业规模经营，农业劳动生产率才能提高，农民的收入也才能大幅度增加。如何才能减少农民数量？出路只能是工业化、非农化，使大多数农民到第二、第三产业去就业。而且农民的非农化要更稳定、更持久、更多、更好，需要非农化农民的市民化，也就是说要实现城镇化，让大多数非农化的农民"离土又离乡，进厂又进城"，既当职工又是市民。工业化、非农化、城镇化的确是解决"三农"问题的根本途径之一。这种看法虽然抓住了解决"三农"问题的根本与关键，能够解决多数农民的问题，但是却没有清醒地看到中国人多地少、人地矛盾突出的国情，即使工业化和城镇化实现以后，还会有数以亿计的农民要留在农村，现代化的农业也不需要这么多的劳动力，他们又如何生存和致富？由于认为工业化、非农化、城镇化是解决"三农"问题的根本途径的观点没有注意到上述这些情况，也就没有深入研究和提出怎样解决数以亿计的不能离开农村的农民的生存、就业和致富问题。

究竟如何解决数以亿计的不能离开农村的农民的生存和致富

问题，应该建立什么样的能够进一步推动农村经济发展的新的制度和组织形式、经营方式？建设社会主义新农村任务的提出，使这些问题有了答案，社会主义新农村就是解决这些问题的途径。[①]社会主义新农村实际上提出了全面解决"三农"问题的新思路，那就是通过深化改革、创新制度使得工业化、城镇化、农业现代化与新农村建设协调并举、多管齐下、共同推进。只要我们在加快推进工业化、城镇化的同时，大力建设以集体经济和集体合作经营为基础的社会主义新农村，推进农业现代化，并且实行工业反哺农业、城市支援农村，以工促农、以城带乡，最终就能够实现城乡、工农协调发展和城乡一体化，全面解决"三农"问题。

## 三、邓小平的"两个飞跃"理论

中国农业和农村究竟应该怎样改革和发展？除了通过工业化和城镇化持久稳定地转移大部分农村剩余劳动力这个重要途径之外，近些年来出现了两种完全相反的代表性主张。一种是认为"三农"问题产生的根本原因在于农村集体所有制，家庭承包经营制也不能从根本上解决"三农"问题，必须再一次进行"土地改革"，取消农村集体所有制，主张实行农地私有化、

---

[①] 简新华：《新农村与城镇化协调并举——解决"三农"问题的新思路》，载于《中国改革报》2007年1月30日。

转让市场化、经营自由化。这是一种违反社会主义方向和中华人民共和国宪法、从根本上损害农民利益,必然导致农村贫富两极分化的错误道路。[①] 另一种是邓小平提出的走集体化和规模化的正确道路。

邓小平在20世纪90年代提出了发人深思的中国农业改革和发展的"两个飞跃"理论,指出"中国社会主义农业的改革和发展,从长远的观点看,要有两个飞跃。第一个飞跃,是废除人民公社,实行家庭联产承包为主的责任制。这是一个很大的前进,要长期坚持不变。第二个飞跃,是适应科学种田和生产社会化的需要,发展适度规模经营,发展集体经济。这是又一个很大的前进,当然这是很长的过程"。[②] 也就是说中国农业在实行家庭承包经营制以后还是要走集体化、规模化的道路,搞适度规模经营,发展集体经济。从中国农业的"第二个飞跃"的内容可见,"第二个飞跃"是生产力和生产关系及其结合方式三个方面的"三重飞跃",科学种田是生产力方面的飞跃,生产社会化和规模经营是生产力与生产关系结合方式方面的飞跃,发展集体经济则主要是生产关系方面的飞跃。笔者认为,这是真正实事求是、富有远见、坚持社会主义方向的科学论断,是40年中国农村改革的指南,也应该是现在全面深化农村改革的指南。

---

[①] 简新华:《中国农地制度和经营方式创新研究——兼评中国土地私有化》,载于《政治经济学评论》2013年第1期。

[②] 《邓小平文选》(第三卷),人民出版社1993年版,第355页。

# 第三章 中国解决"三农"问题的根本路径

## 1. 中国社会主义农业的改革和发展经过"两个飞跃"的客观必然性

中国社会主义农业的改革和发展为什么需要经过"两个飞跃"呢？这是邓小平按照马克思历史唯物主义和辩证唯物主义的基本观点和方法，依据生产力决定生产关系，生产关系反作用于生产力，生产关系必须适应生产力发展要求的普遍规律，科学深入地分析中国实际情况以后，得出的具有预见性的正确结论。

我们首先说明中国社会主义农业的改革和发展实行"第一个飞跃"的必然性。改革开放前，为了应对自然风险（主要是水旱灾害等）、家庭生活风险（主要是生老病死、孤寡残疾等），防止在土地改革以后农村重新陷入贫富两极分化，中国农村在土地改革以后逐步走上由互助组开始到初级合作社、高级合作社直至人民公社的社会主义集体化道路，土地集体所有、实行集体经营是这种集体化道路的主要内容。一方面，由于中国还是"一穷二白"的极其落后的农业国，工业化和城镇化水平极低，大部分农村处于自给难以自足的小农经济发展阶段，农业社会化程度和机械化水平也非常低，农业的生产经营更适合采用家庭个体分散经营的方式，不适合实行人民公社那样的大规模集中统一的集体经营管理，再加上人民公社制度存在政社合一、政经不分，以及国家对公社、公社对农民统得过多、管得过死，农民缺乏生产经营自主权，分配存在平均主义倾向等缺陷，结果是难以调动农民生产经营的积极性和主动性、经营管理成本高、经济效益比较低，长期解决不了农产品严重短缺的局面，没有根本改变大部分农村贫穷落后的面貌。另一方面，由于农村集体所有制是社会主义公有制的重要组成部分，本质上是适应农村生产力发展的社会主义的基本经济制度，是保证农民根本利益、防止农民贫富两极分化，最终走向共同富裕的经济基础，因此是绝对不能改变的。所以，为了适应当时中国农村生产力发展的基本状况，调动广大农民生产经营的积极性和主动性，适应市场经济的要求，更好发展农业生产，大多数村庄在不根本改变农村土地集体所有制的前提下实行以"废除人民公社，实行家庭联产承包为主的责任制"为主要内容的"第一个飞跃"，而且在实行过程中也是符合大多数农民愿意和得到大多数农民拥护的，实际成效也是比较显著的。

尽管有少数自然条件较好（如平原地区）、经济发展水平比较高、社队企业办得比较好、村庄领导有能力的村庄坚持了集体经营、发展了集体经济，而且成效是突出的，基本不需要实行"第一个飞跃"之外[①]，大多数村庄则需要实行"第一个飞跃"。那种认为只有人民公社道路才是真正的社会主义道路，改变人民公社制度，实行"包产到户""分田单干"本质上就是要根本改

---

① 例如，河北省的周家庄（被称之为从 1958 年建立至今存在 60 多年的"中国最后一个人民公社"）、江苏省的华西村、河南省的刘庄和南街村、四川的战旗村等。其中，有的村庄是始终都没有实行家庭承包经营制，有的则是开始实行了一段时间后，又把家庭承包经营制改变为集体经营制。

变农村集体所有制，实行私有化，把社会主义农业改变成资本主义农业、复辟资本主义的看法，是全盘否定40多年来中国农村改革的必要性、合理性和显著成就的观点，既不符合历史唯物主义和辩证唯物主义，也不符合实际情况。因为，"废除人民公社，实行家庭联产承包为主的责任制"的改革，虽然赋予了农民集体土地的承包经营权、收益权，但是保留了农地的集体所有权和处置转让权，[①] 没有从根本上改变农村土地集体所有制，而且实现双层经营体制，部分保留了集体统一经营的方式，[②] 为中国农村坚持社会主义方向，农业在条件具备以后再由家庭承包经营转向集体经营，保留了必备的根基，所以不能认为中国农村已经把社会主义农业改变成了资本主义农业。

---

[①] 虽然现在在进行农民承包地经营权一定期限内的流转（转让、出租、抵押等）改革，但是流转的是承包地的经营权，不是所有权、承包权，更不是土地永久性买卖。

[②] 在改革人民公社制度以后，《中华人民共和国宪法》规定，中国"农村集体经济组织实行家庭承包经营为基础、统分结合的双层经营体制"。所谓双层经营体制，是指农村经济分为集体统一经营的主导层次和家庭分散经营的基础层次，这两个层次有机结合，形成双层经营的体制。从动态的角度来看，集体统一经营和家庭分散经营的发展完善并非齐头并进；从双层经营的产业领域来看，农业主要实行家庭承包经营，非农产业（包括农产品加工在内的工商业和服务业，主要是乡镇集体企业）主要实行集体统一经营；从双层经营的比重来看，在不同地区不同条件下，集体统一经营的层次和家庭分散经营的层次在双层经营结构中的比重并不完全相同。大体上有三种情况：一是统分结合以统为主；二是统分结合以分为主；三是统分结合，集体统一经营与家庭分散经营的比重相当。从双层经营的实际情况（包括笔者多年从事农村经济调查所了解的情况）来看，绝大部分农村实行的是以分为主的双层经营体制，甚至连乡镇集体企业也大部分通过改制转变成非集体所有的股份制企业、私营企业。

中国社会主义农业的改革和发展特别是现在为什么要实行"第二个飞跃"呢？这是因为，在中国现在已经开始进入工业化后期、城镇化率在2018年也达到59.58%、几亿农村剩余劳动力基本实现非农化和转移到城镇、生产社会化和农业机械化的水平有了很大提高的情况下（中国农业综合机械化率由1978年的20%提高到2018年67%），"三农"问题突出和农业现代化滞后，表明实行小规模分散经营的家庭承包经营制已经不能适应生产社会化与农业现代化、机械化的要求，必须进一步改革完善。因此，笔者认为中国已经发展到了开始逐步实现邓小平提出的实现社会主义农业"第二个飞跃"的阶段。改革开放以来，按照马克思历史唯物主义揭示的生产关系必须适应生产力发展水平规律的要求，中国农村实现了"第一个飞跃"。现在，中国则同样要按照这个规律的要求，开始努力去实现"第二个飞跃"。

如前所述，农地集体所有制和家庭承包经营制功不可没，克服了人民公社制的缺点，适合当时农业生产落后的现状和特点，满足了农民对土地经营使用权的要求，使农民拥有了比较充分的自主权。形成了农地经营得越好农民家庭收入越多的激励机制，调动了农民生产经营的积极主动性，有利于农户增加农业投入，降低生产经营成本。使农业生产适应市场需求，有效地促进了农业生产的发展，基本上保证了城乡农产品的供应，改变了长期存在的农产品严重短缺的状况。绝大多数农民不仅解决了温饱问题，也基本达到小康生活水平。而且，农地的集体所有制以较低的成本满足了工业化和城镇化对劳动力与土地的基本需求，有力地支持了工业化、城镇化和整个国民经济的发展，缓解了人多地少、通过务农增加收入困难的矛盾，使农民也获得了进城务工经商增加收入的第二条渠道。同时还给农民提供了最后一条保障线，避免了农村大量"三无"农民的产生、严重的贫富两极分化和大面积城市"贫民窟"的出现，维持了包括农村在内的社会的基本稳定。[①] 但是，中国现行的农地制度特别是家庭个体经营方式也存在许多不足或缺陷：个体经营、单打独斗、经营分散、规模狭小，以及应对自然风险、市场风险、经营风险和家庭生活风险的能力差，不易解决人地矛盾（人多地少）、小生产与大市场的矛盾、小规模分散经营与规模经济的矛盾，难以实行农业的规模经营和集约经营，不能从根本上解决小农经济生产分散、小规模、效率低的缺陷。应该说，上述缺陷的存在是现在"三农"问题特别突出的重要原因。如果说中国现行的农地制度和经营方式完美无缺，仅靠现行的农地集体所有制和家庭承包经营制就能不断地促进农村经济的大发展，有效实现农业现代化，也就不会出现如此突出的"三农"问题。

---

[①] 这里还需要特别说明的是，改革开放以来，中国农业发展取得突出成就，不能只是归结为以"废除人民公社，实行家庭联产承包为主的责任制"，以及调动农民生产经营积极、主动性为主要内容的农村改革，即"第一个飞跃"，还包括重工业优先发展战略和产业结构的调整、乡镇企业的大发展、工业化和城镇化吸收了大量农村剩余劳动力、农产品的价格和流通体制的改革、农业投入的增加、农业技术和设备的改进、国家各项加强农业和支农惠农的政策等多种因素综合作用的结果。

现在中国农村除了包括"城中村""城边村"在内的依靠征地拆迁富起来的村庄，以及拥有独特自然资源优势或者严重自然灾害之后主要依靠国家支持重建的村庄之外，几乎找不到一个完全不搞集体经营、发展集体经济，仅靠实行家庭承包经营制，单家独户、单打独斗而富裕起来的村庄。相反，从江苏的华西村和西塘村、河南的刘庄和南街村、河北的周家庄、浙江的滕头村和航民村、四川的战旗村、湖北的官桥村八组和洪林村等先进、富裕、繁荣，共同富裕做得相对较好的中国农村，几乎都是坚持村庄集体规模经营、实行产业多样化，发展壮大集体经济的村庄。国际经验和改革开放40多年的实践都表明，长期依靠现行的农地制度和小规模分散经营的方式已经不适应当前形势，必须深化改革，逐步完善现行农地制度和经营方式。

中国现在深化农村改革的方向，就是创造条件，逐步实现邓小平提出的农业的"第二个飞跃"[①]。有一种观点认为中国农业的"第二个飞跃"应该是改变农地集体所有制的性质，取消农地非农化的政府垄断征用、"招拍挂"和土地财政制度，实行土地私有化或者变相私有化（给农民完全的土地产权），土地市场化，自由流转，让资本下乡，实行农业规模经营。这是不正确的。邓小平所说的中国农业的"第二个飞跃"，是要实行适度规模经营，

---

① 简新华：《中国农村改革和发展若干有争议的重大问题》，载于《学术月刊》2015年第7期。

# 第三章 中国解决"三农"问题的根本路径

发展集体经济,绝不是相反。

## 2. 实现邓小平所说的"第二个飞跃"的基本途径

到底应该如何实现"第二个飞跃",搞农业适度规模经营,发展农村集体经济呢?

从农业规模经营来看,必须合理解决两个问题:一是农地应该向谁流转、怎样流转;二是采取什么方式实行规模经营。要想实现规模经营,首先必须把分散在千家万户手中的碎片化、小块化的承包地集中起来,这样才能进行大面积连片耕种经营,而要做到土地集中,又必须允许土地流转(主要是承包地经营权在一定期限内有偿转让)。现在出现了几种不同的主张和实际做法,普遍流行的做法是,首先实行土地确权,然后采取出租、入股、抵押等多种形式转让承包地经营权,从而进行农地流转以实现农业规模经营,更多提倡、鼓励、支持的是农地向个人或者出资者手中流转,发展种田大户、家庭农场、资本下乡办农业企业,建立多种内容和形式的农业生产经营合作社。① 现在看来,这些经营方式虽然能够实现不同程度的农业规模经营,短期内也能够增加农民的收入(普通农民往往可以获得两份收入,即农地租金或

---

① 中国农村现在出现的多种多样的农业生产经营合作社基本上是互助合作性质的协作组织,往往由大户和资本操控,并不是实行集体所有、集体经营的农村集体经济性质的合作社,虽然对发展农业生产、增加农民收入有一定帮助,但对解决"三农"问题的作用有限,有的甚至成为骗取国家支农惠民资金的工具。

入股分红和打工的工资),有助于"三农"问题的解决,但是这些经营方式存在根本性的缺陷,不可能从根本上解决"三农"问题。第一,这些经营方式主要是农地向少数人手中集中,实行的是个体经营或者私营,盈利由少数人占大头,只能是让少数人富起来,甚至可能导致贫富两极分化,很难保证全体农民走向共同富裕。第二,这些形式虽然可能实现中国农业的规模经营甚至实现农业现代化,但是不能从根本上解决农业实行个体或者私人规模经营以后,数以亿计的失地农民的就业和致富问题。

如前所述,美国农业是实行高度机械化大规模经营的现代化农业,2010年美国拥有可耕地24.45亿亩,农业就业人口只有284.6万,从事农业生产经营的劳动力人均耕地859亩,[①]一个家庭农场,3~5个劳动力可以耕种几千上万亩耕地,即便这样,为了保证农民收入,美国政府每年还要给农业大量补贴。按照美国的农业规模经营和农业劳动生产率水平,中国20亿亩耕地只需要约200万农业劳动力就足够了。即使中国由于地少人多只能搞适度规模经营,农业劳动生产率也不可能像美国那么高,假定只有美国的1/10,耕种20亿亩耕地也只要2000多万农业劳动力。问题是中国在实现工业化和城镇化,城镇化率达到70%以后,中国人口也将至少达到14亿,也就是说农村人口仍然还有4.2亿,考虑到人口老年化的影响,按照劳动年龄人口占总人口的比重为

---

① 世界银行:《2012年世界发展指标》。

60%计算，实现工业化和城镇化后的中国农村还有2.52亿劳动力，比耕种20亿亩耕地所需的2000万农业劳动力多出2.3亿人。而且这些农民基本上不能进城务工经商了，这多出的2.3亿农村剩余劳动力在农村怎么办？出路何在？怎么就业？如何致富？即使是城乡统一、覆盖全社会的社会保障制度建立起来了，无地农民可以获得社会保障，但是2.3亿农民完全靠社会保障度日，能持久吗？能致富吗？显然不能。上述那些经营形式都无法解决这个重大问题。

实际上，与上述各种经营方式同时存在的中国农业规模经营方式，还有也实现了农业规模经营甚至更大规模经营的、实践也证明是最成功的农村集体经营方式，这应该是在农业规模经营上实现"第二个飞跃"的主要方式。因为，农村集体经营方式不仅能够做到农业规模经营，而且集体经营比农民个人单家独户更有实力、更具有组织性、更能实行分工专业化协作、更有效率地从事各种非农产业的经营，进行农田水利、道路桥梁、电力通信等公共基础设施建设，更重要的是能够有效解决上述那些经营形式都无法解决的两大难题。

现在有些令人困惑的是，农业由家庭承包经营方式向集体经营方式转变似乎不被肯定和重视，也没有得到大力提倡和推广，好像实行农业集体经营方式是人民公社特有的经营方式，如果肯定、支持、提倡，就是要走回头路，退回到人民公社制度，就是否定中国40多年的农村改革。其实，这种认识和做法是不正确的。虽然废除人民公社、实行家庭联产承包为主的责任制的"第一个飞跃",把绝大多数农村经济的集体经营方式转变为以家庭经营方式为基础的双层经营体制,但是这绝不是说集体经营是完全错误的,中国农村将永远不再采用集体经营方式。因为,农业集体经营是社会主义的经营方式,并不是人民公社特有的经营方式,之所以要改革人民公社的集体经营方式,是由于人民公社的集体经营方式不适合当时中国严重落后的农村状况和农业生产发展的要求。而且,改革后的农村经济实行的是以家庭经营方式为基础的双层经营体制,其中包含集体统一经营方式,特别是在非农产业领域还要坚持集体统一经营。"废除人民公社,实行家庭联产承包为主的责任制"的农村改革,不是要根本否定农村集体所有制和集体经营方式,而是要克服人民公社制度存在的缺陷,完善农村集体所有制和农业经营方式,建立更符合当时中国农村实际、更有利于农业生产发展的集体所有制经济的经营方式。而且,农村集体经营也不是在中国所有农村和所有经济领域都废除了,而是普遍实行了双层经营体制,部分保留了集体统一经营方式。还有少部分村庄把农业和非农产业的集体经营都保留下来了,一直坚持到现在,成效也不错,即使是大部分实行家庭承包经营制的村庄,在非农产业领域如乡镇企业,部分还是坚持实行多种形式的集体经营方式。所以现在把家庭承包经营转变为集体经营,绝不是要否定农村改革,退回到原来的人民公社制度,而是要在中国农村各方面的情况都发生巨大变化的新的历史条件下,实行更适合生产社会化、农业现代化（包括机械化、科学种田、规模经营等）要求，更有利于农村集体经济发展的经营方式。而且必须认识到的是，人民公社制度本质上还是社会主义性质的制度，因为实行的是农村集体所有制，这是不能根本否定的，改革是要克服人民公社制度的缺陷，完善农村集体所有制和农业经营方式。就像中国现在已经把国有国营的国有企业制度改变为实行现代企业制度的国有企业制度，不能因此从根本上否定社会主义国家所有制一样；也像中国现在已经把传统社会主义计划经济体制改变为社会主义市场经济体制，不能因此就根本否定社会主义经济的计划性和最终发展到高度发达繁荣的社会主义阶段，即共产主义阶段时还是要存在计划经济一样。

从发展农村集体经济来看，怎样实现邓小平提出的"第二个飞跃"，情况更令人担忧。农村集体经济是以生产资料（包括资本）集体所有制为基础、集体从事生产经营活动，以及集体成员平等享有集体的各种权力、收益和福利的经济形式。农村集体经济是社会主义新农村的经济基础，是农民走向共同富裕的重要保证。从党的十八大报告到十八届三中全会作出的《中共中央关于全面深化改革若干重大问题的决定》，都强调要创新农村集体经济运行机制，发展集体经济，党的十九大报告也指出，要"深化农村集体产权制度改革，保障农民财产权益，壮大集体经济"。但是农村集体经济的现状不能不令人担心。自从实行家庭承包经营制以来，特别是取消农业税和集体提留以后，以前所说的"交够国家的、留足集体的、剩下都是自己的",现在已经只剩下"剩下都是自己的",再加上乡镇企业大部分改制,转变为股份制或私有制,除了名义上拥有集体土地所有权之外,农村集体基本上已经没有什么实际财产权,除了各种财政拨款、财政补贴和征地补偿之外,大部分农村集体已经基本上失去了收入来源。没有了经济基础,不少地方农村集体经济实际上名存实亡,集体已经无力兴修农田水利、搞各种公共基础设施建设、改善农村生产和生活条件,为农民生产和生活提供各种应有的服务,甚至连正常运转都困难,不得不靠借债维持。不少农村之所以出现农民组织化程度低、农民各家各户"各顾各"、精神文化生活贫乏、打麻将赌博成风等现象,与集体经济的衰落不无关系。大力发展壮大集体经济,现在已经成为不少农村必须引起高度重视的突出问题。虽然不断在口头上说要发展农村集体经济,但是不仅不少地方的农村集体经济实际上是有名无实,村里的各种开支都要依靠各级财政支持,而且对于如何真正有效发展集体经济,许多地方往往停留在口头上说说而已,缺乏深入研究和总体规划、完整配套的指导方针和政策、切实有效的支持扶植措施,有的甚至是反其道而行之,掏空、架空、虚化、瓦解集体经济。这种情况必须引起高度警觉。

究竟应该怎样实现邓小平的"第二个飞跃"?笔者的主张是,由于中国农村地域广阔、农民众多、地区差别巨大、发展极不平衡,所以农业经营方式不能搞"一刀切",必须实行多样化经营,发展多种所有制经济。但是，农地主要应该是向集体流转集中而不是向私人或者少数人手中流转集中，主要应该实行集体经营而不是个体或者私人经营，主要应该发展集体经济而不是个体或者私有制经济。因为，只有实行集体所有集体经营、发展集体经济，才能坚持社会主义方向，才能既实现农业规模经营和现代化，有效解决在中国实现工业化和城镇化以后还要留在农村的数以亿计的农民的就业问题，又保证所有农民能够逐步走向共同富裕，而且这才是有效扶贫、持久脱贫的根本之路。

## 四、社会主义新农村建设

如前所述，要从根本上解决"三农"问题，只是实现工业化、城镇化、农业现代化，实行工业反哺农业、城市反哺农村是不够的，还必须通过建设社会主义新农村、发展集体经济的方式，解决还要留在农村而且因为地少人多不能再务农的数以亿计的农民的生存和致富问题。建设社会主义新农村、实现乡村振兴是中国全面建设小康社会和实现社会主义现代化的重大历史任务，也是中国理论界研究的热点问题。笔者认为，要完成这个重大的历史任务，必须弄清两个基本问题：一是要明确什么是社会主义新农村，具有哪些基本特征，包括哪些具体内容；二是怎样建设社会主义新农村，即应该通过什么途径、采取什么措施建成社会主义新农村。能否正确认识和解决这些问题，直接关系到我们能否正确把握社会主义新农村的内涵、坚持新农村的社会主义性质、明确建设新农村的目标和任务，真正合理有效建成社会主义新农村。

## 1. 社会主义新农村的内涵和特征

建设社会主义新农村并不是改革开放以后才提出来的新目标，早在20世纪50年代中国就提出了建设社会主义新农村的任务。但是现在要建设的社会主义新农村，并不是那时提出的社会主义新农村的简单重复，两者的具体内容并不完全相同，现在提出的社会主义新农村具有新的含义。

20世纪50年代提出的社会主义新农村的内涵和标志主要是：在生产力方面，要实现农业机械化；在生产关系方面，实行人民公社制度；在生活方面，要使农民丰衣足食，过上比较富裕的生活。按照这个标准衡量中国现在农村发展的状况，从生活方面来看，中国相当一部分农民已经过上了丰衣足食的比较富裕的生活；但从生产力方面来看，大部分农村还没有实现农业机械化，人民公社制度也普遍被家庭联产承包经营责任制取而代之。现在看来，这种对社会主义新农村的理解和界定存在重大缺陷，需要予以修改和完善。

21世纪初，在全面建设小康社会和实现社会主义现代化的中国经济社会发展新的历史阶段，在"三农"问题严重、城乡差别和收入差距扩大、社会问题和社会矛盾突出的情况下，重提建设社会主义新农村，不仅具有重要意义，而且具有新的内涵和特征。中国共产党第十六届五中全会通过的《中共中央关于制定国民经济和社会发展第十一个五年规划的建议》提出，要按照"生产发展、生活宽裕、乡风文明、村容整洁、管理民主"的"20字"要求建设新农村。这个要求只是对社会主义新农村面貌的简单描述，还不是对新的历史阶段社会主义新农村新的内涵和基本特征的全面、具体的界定，并没有明确地指出社会主义新农村的制度特征和组织形态，体现不出新农村的社会主义性质和生产力发展所要达到的水平，也看不出中国的社会主义新农村的独有特征，所以，对社会主义新农村新的内涵和基本特征，特别是制度特征，还需要深入探讨和明确。

党的十九大报告指出，"要坚持农业农村优先发展，按照产业兴旺、生态宜居、乡风文明、治理有效、生活富裕的总要求"，加快推进农业农村现代化。这里的"20字"的总要求，与上述建设社会主义新农村的"20字"要求内容基本相同，也需要进一步研究这些内容的具体体现，研究如何才能达到这个总要求。

全面具体明确的社会主义新农村的内涵和基本特征，应该从生产力、生产关系、物质文明、生态文明、精神文明、政治文明等多方面进行全面的概括和界定，既要包括目标要求，又要有达到目标的制度保证和基本途径，还要能反映社会主义新农村与非社会主义新农村的本质区别。根据江苏华西村、河南刘庄和南街村、四川战旗村等中国现在先进农村发展的经验和以往社会主义新农村建设的教训，笔者认为，社会主义新农村应该是以集体所有制和集体经济为基础，主要实行集体合作经营，基本实现农业现代化（机械化、规模化）和产业多样化、农村经济比较繁荣、农民生活富裕、基础设施健全、生态平衡、环境美化、村容整洁、乡风文明和谐、管理民主、治理有效的农村。

为什么应该这样更为全面具体地界定社会主义新农村呢？除了上述中国现代农村的制度基础不能像发达工业化国家那样实行以私有制为基础的家庭农场制度的原因之外，还因为以集体所有制和集体经济为基础是中国新农村社会主义性质的主要体现，中国的现代农村如果是以私有制家庭农场为基础的农村，就不能称之为社会主义新农村，与现代资本主义农村就没有什么区别。之所以提出要主要实行集体合作经营，是由于连发达工业化国家私有制家庭农场都要实行多方面、多形式的经营合作，更何况中国的社会主义新农村，自然更应如此。更重要的是，如前所述，集体经营以外的家庭承包经营、家庭农场经营、种田大户经营、资本下乡办农业企业经营等经营方式，都难以解决工业化、城镇化和农业现代化实现以后，还要留在农村的数以亿计的农村劳动力的就业和致富问题。中国实现农业机械化、规模化、现代化需要集体合作，抵御风险、降低成本、共同富裕也需要联合起来、组织起来共同应对。之所以提出要基本实现农业现代化（机械化、规模化）和产业多样化，则是因为人多地少的中国农村只有实现农业现代化（机械化、规模化）和产业多样化，才能实现规模经营，提高农业劳动生产率和经济效益，同时更好地解决新农村劳动力的就业问题，多渠道增加农民的收入，也才能实现生活宽裕和共同富裕。而且，以集体经济为基础，实行集体合作经营，基本实现农业现代化（机械化、规模化）和产业多样化，是真正做到"农村经济繁荣、农民生活富裕、基础设施健全、生态平衡、环境美化、村容整洁、乡风文明和谐"的物质基础和制度保证。

## 2. 建设社会主义新农村的途径

明确了什么是社会主义新农村，需要进一步弄清的是应该采取什么样的有效措施，怎样建设社会主义新农村。笔者认为建设社会主义新农村的主要途径，至少应该包括以下六个方面：

（1）坚持和发展集体所有制和集体经济，主要实行集体合作经营是基础。由于社会主义新农村应该是以集体所有制和集体经济为基础的，所以必须坚持和发展集体所有制与集体经济。否则，社会主义新农村缺乏经济基础。在社会主义初级阶段和社会主义市场经济条件下，加上中国农村地区差别大、情况极为复杂、发展很不平衡，集体经济可以采取多种具体经营形式，既可以坚持集体所有、集体经营，也允许采取承包制、合作制、股份合作制、股份公司制等多种集体经济的实现形式，只要能使集体经济发展、壮大就行。但是，必须创造条件，逐步由家庭承包经营为主转向主要实行集体合作经营。而且，农地集体所有制和集体合作经营更有利于实现农业的规模经营。

（2）内部的公司化、民主化管理和外部的市场化运作是经营制度保证。社会主义新农村的经营管理，除了家庭联产承包经营责任制本身之外的各种形式的集体经济，包括实行家庭联产承包经营责任制的农村的集体经营的经济，笔者主张实行内部的公司化、民主化管理和外部的市场化运作。实行公司化、民主化管理这种现代企业管理制度，使农民具有股东（所有者）和职工（劳动者）的双重身份，既有利于调动农民生产经营的积极性，又有利于发挥农民"主人翁"的作用，激励和监督新农村的经营管理者，防范委托代理风险，消除腐败和不负责任的行为，提高经营绩效。在社会主义市场经济的大背景下，只有实行市场化运作，才能够使新农村适应市场经济的外部环境，在国内外激烈的市场竞争中求得生存和发展。实行联产承包经营责任制的农户则主要在所在的集体经济内部或由所在的集体经济组织实行多方面、多形式的经营合作，以应对市场风险及自然风险。

（3）实现农业现代化（机械化、规模化）和产业多样化是基本途径。实现农业现代化（机械化、规模化）和产业多样化是建成社会主义新农村的基本途径。发展农业生产是繁荣农村经济、建成社会主义新农村的首要任务，实现农业现代化则是由落后农业转变为先进农业的根本途径。实现农业机械化和经营规模化则是农业现代化的主要内容或者体现，只有实现机械化和规模化，才能从根本上改变农业生产的落后面貌，极大地提高农业劳动生产率，带来规模经济效益。在社会主义市场经济条件下，农业现代化必须以市场为导向，以广大农户为基础，以加工销售企业为依托，以科技、教育培训、经贸等方面的服务为手段，将农业再生产的各个环节联结为一个完整的产业系统，提高分工、协作、专业化水平，实行种养加、供产销、农工贸一体化的经营，实现农业的经营规模化和市场化、产业一体化、生产专业化、产品商品化、管理企业化、服务社会化。从农业生产方面来看，在农产品过剩并且难以涨价的情况下，只有通过提供优质、特种、绿色、低成本、深加工、高附加值的农产品，才可能增加农民的收入。这正是农业现代化所要做到的。农业现代化是改变农业落后状况、克服农业弱质性、发展农村经济、提高农业劳动生产率和经济效益、增加农民收入的根本途径，是市场经济条件下的富民之路。

社会主义新农村发展经济，除了要以农业生产为基础之外，还必须大力发展非农产业，实现第一、第二、第三产业融合发展，搞多种经营。因为，农村与整个国家一样，"无农不稳、无工不富、无商不活"，农民靠一亩三分地永远富不起来，农村经济仅靠农业繁荣不了。去参观一下当今中国富裕的农村，几乎无一不是如此。要解决"三农"问题、建成新农村，仅仅局限于农业这个小圈子是不够的，仅仅依靠农业本身来挖掘增收潜力也是有限的。我们应立足于中国国情，即人多地少、分散经营，必须通过农民的非农化转移农村剩余劳动力，减少农村人口数量，实现农业规模经营，提高农业劳动生产率，增加农民收入。扩大就业是增加农民收入的根本途径，除了实行农业现代化，向农业生产的深度、广度进军之外，解决农民的就业问题还得拓宽就业渠道，主要依靠非农化，即让农民到第二、第三产业就业。非农化是转移农村剩余劳动力、增加农民收入的主要途径。农民非农化主要应该是通过农村剩余劳动力向城镇转移实现，但是还必须在农村推进。因为，中国农民数量庞大，即使城镇化率达到70%~80%，也还会有数以亿计的农民要留在农村，而在实现农业现代化条件下耕种20亿亩耕地只需要几千万劳动力就足够了，新农村要解决无法再务农的数以亿计的农民的就业和致富问题，就必须在农村努力实现农业现代化的同时大力发展非农产业。

（4）工业反哺农业、城市支持农村、政府大力帮助是必要措施。改革开放以前，农民为中国的工业化和经济发展作出了巨大贡献，大量的农业剩余通过工农业产品剪刀差转变为工业利润，用于发展工业生产，使得农村贫穷落后的面貌长期得不到改变。改革开放以来，农民又为中国工业化和城镇化的快速推进、经济社会发展和人民生活的改善，提供了充足价廉的劳动力、廉价的土地和丰富的农产品，同样做出了重大的贡献。但是，现在城乡差别、工农差别不断扩大，"三农"问题相当严重，已经极大地制约了中国经济的持续发展和社会的长期稳定，中国经济社会发展已经到了有必要也有能力以工促农、以城促乡的阶段。就像从根本上解决"三农"问题，仅仅依靠农业和农民自身努力是不够的，要想普遍建成社会主义新农村，解决还要留在农村的数以亿计农民的生存和致富问题，仅仅依靠农业和农民自身努力也是相当困难的。因为，农业落后，是弱势产业，受土地、气候、水资源等自然条件影响极大，农产品是生活必需品，需求弹性小，价格难提高，增长受限；农民太多，耕地太少，劳动生产率太低，收入难增加；农村底子薄，投入少，基础设施落后，生产和生活条件差。所以，建设新农村，必须工业反哺农业、城市支持农村、政府大力支持帮助农民。政府要坚持农业农村优先发展的战略和"多予少取放活"的方针，重点在"多予"上下功夫，调整国民收入分配格局，财政支出向农村倾斜，不但加大对农业和农村的投入，国家对基础设施建设投入的重点应该转向农村，土地出让金和使用费主要应该用于"三农"，金融机构要加强对"三农"的支持；工业要通过资金、技术等多条渠道支持农业发展，提供更多、更好、价廉的农用生产资料，帮助农业实现现代化；城市也要采取多种措施支援农村，特别是要善待农民工，不要歧视农民工，创造条件让农民工市民化，实现农村剩余劳动力持久稳定转移，真正减少农民，从而减少新农村的就业压力和负担，更好地发展。

（5）提高农民素质是关键。建设社会主义新农村也要以人为本，也就是说建设的目的是为了农民，建设工作必须依靠农民。社会主义新农村的建设，涉及许多方面，工作千头万绪。首先要搞好农田水利基础设施建设，发展农业和农村非农业生产经营，增加农民收入，繁荣农村经济；又要盖房、修路、通电、通自来水、通邮电通信、通广播电视、建文化室、搞绿化、修厕所、清垃圾、美化环境；也要订立乡规民约，兴民主、树新风、立正气，甚至要刷标语、造舆论等。最根本的是要健全农村基层党组织，改善党的领导，全面深化改革，创新农地制度和农业经营方式，完善乡村管理体制和治理模式。这一切工作都主要依靠农民来做，农民能否更快、更有效地做好这些工作，又取决于农民素质的高低。农民的素质越高、眼界越开阔，越有能力广开就业门路，通过各种途径，采用更先进的技术和更有效的方式发展农村经济，改善生活；才会更加讲究文明、清洁、卫生，消除不文明、不卫生、不健康的生活习惯；才能加深对民主的认识，提高民主诉求，增强民主意识，更具有参与民主管理的能力。如果农民素质太低，生产难发展、生活难宽裕、乡风难文明、村容难整洁、民主管理和有效治理难落实。社会主义新农村生活的必然是新农民。所谓新农民，应该是有文化、讲道德、具备民主和法治观念、拥有技术、懂市场、会经营的农民。建设社会主义新农村的过程就是培养新农民的过程，新农村也只有依靠观念更新、素质更高、能力更强的农民，才能真正建成。建设社会主义新农村的同时，必须大量减少农民；大量减少农民，又只能是实现农民的非农化、市民化；有效实现农民的非农化、市民化，则要求农民具有适应非农化、市民化的素质。因此，提高农民素质是决定社会主义新农村建设成败的关键。

农民的素质主要包括农民的身体健康素质、文化技术素质、思想道德素质等。在进入 21 世纪提出建设社会主义新农村的时候，中国农村人口的素质总体来看并不高。农村九年义务教育还没有得到普及，农民平均受教育年限不到 7 年，全国农村还有 6600 多万文盲；4.9 亿农村劳动力中，高中及以上文化程度的只占 13%，初中的仍占 49%，小学及小学以下还占 38%。① 农民的文化素质和生产技能普遍不高，许多都没有经过职业技术培训，这是农业劳动生产率不高、农村剩余劳动力就业难、城市出现"民工荒"的重要原因之一。农村医疗卫生条件普遍不太好，缺医少药，看病难。据卫生部的抽样调查资料，在农村贫困地区患病未就诊的达 72%，应住院而未住院的高达 89%。据有关研究报告资料，1977～2002 年，中国的乡村医生从 180 万人降低到 80 万人，80% 的农村人口没有医疗保险，农村人口是城市人口的 1.5 倍，卫生事业费支出却不到城市的 50%，农村人均卫生事业费支出只是城市居民的 1/3，农民的身体素质很难提高，农村的人均预期寿命比大城市低 12 年。② 农村人口素质的这种状况，极不利于社会主义新农村的建设。笔者认为，建设社会主义新农村最重要的是必须采取坚决有力的措施，花大力气提高农民的素质。

第一，发展农村医疗卫生事业，提高农民的身体素质。发展农村医疗卫生事业，必须加强农村公共卫生和基本医疗服务体系

---

① 简新华、曾一昕：《社会主义新农村的内涵和建设途径》，载于《福建论坛》2006 年第 11 期。

② 赵中维：《建立和谐社会环境：降低中国死亡率的成功与挑战》，载于《中国社会保障》2006 年第 1 期。

建设，建立新型农村合作医疗制度。在农村缺医少药的情况下，提倡城市送医下乡是必要的，但最根本的还是要建立农村自身的医疗服务体系。农村合作医疗制度是一种投入少、效果好、农民互助的农村医疗保障制度，应该坚持和完善。但是，仅靠农民自己难以完全解决农民的医疗保障问题，还要发展农村医疗保险事业和国家对农村的医疗保障。国家应该加大对农村公共卫生和基本医疗服务体系建设的投入，城市支援农村、工业反哺农业、国家对农村的转移支付的经费，首先应该用于发展农村医疗卫生事业和文化教育事业，以提高农民的身体健康素质和文化技术素质。

第二，发展农村文化教育事业，提高农民的文化技术素质。发展农村文化教育事业，重点是普及和巩固农村九年义务教育，落实农村学生"两免一补"的政策。必须纠正"九年义务教育是家长的义务和责任，即家长必须保证让子女接受九年小学和初中教育"的不正确观点，明确九年义务教育主要应是政府的责任，各级政府必须想办法，切实保证农村实行九年义务教育的经费投入，认真落实九年免费教育，并对农村困难家庭的学生给予必要的生活补助。真正做到"再穷也不能穷了农村孩子的教育，再苦也不能苦了农村学生的学习"。建议建立各级政府在农村实行九年义务教育的责任制，定期进行考核检查，使农村九年义务教育落到实处。特别要注意妥善解决外出务工经商的农民工子女的升学问题，留在农村的不能辍学，进城的不能无学可上。城市的公办学校不应该歧视农民工子女，因为农民工对城市的经济发展和人民生活都做出了巨大的贡献。同时应该允许建立专门招收农民工子女的民办学校。发展农村文化教育事业，还必须加强对农民的职业技术培训，坚持对进乡镇企业打工、外出务工经商的所有农民工进行岗前培训。国家应该制定相关规章制度，硬性规定用工单位对农民工进行上岗培训，绝对不能允许再出现一天培训都不搞就让农民工下井挖煤的现象。除了要对进乡镇企业打工、外出务工经商的农民工进行基本技能培训之外，还需要对留在农村务农的农民进行农业技术培训，必须改变以往那种凭经验、跟着父辈按传统方法搞农业生产的状况。否则，农业现代化难以实现。扫除农村存在的6600多万名文盲，也是发展农村文化教育事业的重要任务，应该有计划、有步骤、有措施，坚持不懈地"扫盲"。

第三，加强农村政治思想教育，提高农民的思想道德素质。在改善农村邮电通信、通广播、通电视、送文化艺术下乡的基础之上，采取适合农村情况、农民喜闻乐见、生动活泼的方式，对农民持续不断地进行政治思想、道德观念的教育，让农民及时了解国家的法律制度、党和政府的方针政策，提倡弘扬高尚文明、互助和谐的道德风尚，提高农民的政治思想觉悟，形成优良的社会主义道德习惯，真正成为社会主义新农村的社会主义新农民。

（6）健全农村基层党组织，加强和改善党的领导是核心。建设社会主义新农村的根本目的，就是要把基本实现工业化、城镇化以后还要留在农村的数以亿计的农民组织起来走向农业农村现代化和共同富裕，合理有效的组织必须要有坚强有力的正确领导。

改革开放以来，中国特色社会主义建设的实践表明，中国特色社会主义最本质的特征是中国共产党的领导，中国特色社会主义制度的最大优势是中国共产党的领导。江苏省的华西村、河南省的刘庄和南街村、四川省的战旗村等经济比较繁荣、共同富裕做得比较好的中国先进农村的改革和发展的成功经验也证明，这些村庄之所以改革和发展成绩突出，首先都是由于有健全的基层党组织和一个坚强有力、能干廉洁的党政领导班子。所以，健全农村基层党组织，加强和改善党的领导是成功建成社会主义新农村的核心。首先必须在上级党组织的指导帮助下，建立一个好的党政领导班子，这是真正建成社会主义新农村的前提条件，否则，难以迈开建设社会主义新农村的步伐。

# 第四章

# 塘约村的新探索与"塘约道路"之争

现在已经走在实行集体经营、发展集体经济、初步实现共同富裕道路上的先进村庄，要进一步实现农业现代化和共同富裕，应该说没有多大困难，但是先进村庄只是少数，大多数村庄现在还相当贫穷落后。当前从根本上解决"三农"问题面临的最大挑战，是怎样使实行了40多年的家庭承包经营制的大多数还没有富起来的，特别是中西部地区贫穷落后的村庄，由个体小规模分散家庭承包经营合理有效地转向集体规模经营，真正发展壮大集体经济，保证全体农民走向共同富裕。近年来似乎还没有找到由个体小规模分散家庭承包经营合理有效地转向集体规模经营的途径，也没有发现这方面的成功典型。

可喜的是，2017年1月人民出版社出版了著名报告文学作家王宏甲同志撰写的长篇报告文学《塘约道路》，详细介绍了贵州省安顺市塘约村在遭受大洪灾导致全村成为一片废墟后，在一贫如洗的情况下如何"把改革开放之初分下去的承包地，重新集中起来，全村抱团发展，走集体化道路"的感人事迹。塘约村在极其困难的情况下，如何通过把农业家庭承包经营方式转变为集体经营方式，发展集体经济，走向共同富裕的艰难探索，是非常值得关注的新情况。笔者满怀惊喜地一口气读完了《塘约道路》这本书，深受鼓舞，颇受启发，但是同时也觉得塘约道路毕竟只走了3年多时间，还需要不断健全完善，也感到从农地制度到经营方式方面不是很成熟，还有一些疑难问题需要深入探讨，很有进一步调查研究的必要。所以笔者于2017年7月8～12日对塘约村和贵州省另外两个村进行了农地制度和农业经营方式改革、重点是股份合作制和集体经营的专题调查研究，特别是与塘约村的左文学书记直接进行了交谈，收获颇丰。

## 一、塘约村的有益新探索

2014年6月3日，处于"村穷、民弱、地荒"状态的塘约村遭遇百年未见的大洪水，田和路都毁了，部分房屋倒塌，本来村里人主要靠传统农业勉强度日，这场大水又把很多农户冲得一贫如洗。怎么办？不能再单家独户、单打独斗、一盘散沙了，必须重新组织起来，抱团取暖，自救发展。如何抱团自救求发展？在安顺市委书记的提示和支持下，塘约村决定走把家庭承包分散经营改变为集体统一经营的道路。怎样走这条道路？鼓励村民把土地作价入股，把身份转变为合作社社员，"把全村办成一个合作社，把分下去的责任田全部集中起来，由合作社统一经营"①。怎样集中统一经营？进行股份合作制改造，"七权同确"，按照"入社自愿、退社自由"原则，由农户自愿把承包地或者说土地承包经营权流转给合作社，即"入股"到社，成立"塘约村合作社"，实行"村社一体，合股联营"，由村集体统一经营管理。集体经营如何组织领导实行？由党支部和村委会组织领导，采取现代企业管理制度，由社员代表选举产生合作社经营班子（理事会、监事会），进行企业化经营管理，重大事项由村民代表大会公决，实行民主的"村民自治"。村里再组建多个包括农业和其他产业在内的专业队直接从事生产经营活动，村民自己可以选择在什么专业队干活，选举专业队队长，报村里认定，队长不称职可以罢免。具体发展什么农业和其他产业？进行什么农产品生产和农产品深加工，经营和发展什么非农产业，综合考虑市场需求、发展前景、自身的条件基础和优势、可以借助的外部因素、国家支持鼓励的产业项目等，因地制宜，因势而定。这就是左文学说的，"要踩出一条路来，第一步就是要成立合作社，把全村的地都集中起来，搞规模经营，实现效益最大化。第二步就是调整产业结构"，建立各种非农产业的专业队，搞多种产业经营。资金缺乏怎么办？自筹资金，滚动发展，争取政府的各项支农惠农扶贫建

---

① 王宏甲：《塘约道路》，人民出版社2017年版，第16页。

设的资金援助和银行贷款，合理吸引社会投资。

左文学在给我们介绍塘约村走把家庭承包分散经营改为集体统一经营道路的起步情况时说，"合作社建立时面临两个问题：一是土地集中耕种，风险大；二是村民对合作社经营不放心，希望能先支付土地流转价的费用。然而，现实问题是村里没有钱，只有每年3万元的办公经费和经营木材的几千块钱，而农村信用社只能贷款给个人，不贷款给集体。村委会通过多次开会讨论决定，除了一位女同志，其他10位班子成员以个人名义贷款，共贷款125万元。125万元的贷款，其中40多万元支付给农户做土地保证金，40多万元用于购买农机，余下的留做其他生产资料的投入。合作社以学生营养餐的蔬菜供应起步，11位班子成员有序分工，8人负责蔬菜的配送、3人负责蔬菜的生产。在创业初期，11位班子成员艰苦奋斗，克服了千辛万苦，在8个月的时间内将贷款还清后，班子成员分文未取，将剩余的24万元全部转入集体账户"。

什么是"七权同确"？所谓"七权"是指土地承包经营权、农民宅基地使用权、林权、集体土地所有权、集体建设用地使用权、集体财产权、小水利工程产权。"七权同确"是为了摸清家底，做到心中有数，明确集体和个人的权利和责任，以便更好地进行经营管理，确定合理的分配方式。左文学总结，"七权同确"塘约村得到的好处是"全村实现了'一清七统'。'一清'是集体和个人产权分清了。'七统'是全村土地统一规划、产品统一种植销售、资金统一使用管理、村务财务统一核算、干部统一使用、美丽乡村统一规划建设、全村酒席统一办理"①。

收入如何分配？左文学介绍说，"除管理人员、生产人员的报酬外，纯收入按照'334'的比例分配，是指每年利润的40%分给股东、30%分到合作社账户作为原始积累、30%分到村集体账户。同时，从村集体的账户拿出20%作为合作社的公积金"。男女村民都可以在各个专业队上班，按月领取工资；村民入股到合作社的土地经营权，按每亩一年的约定价领取资产性底线收入，村民年底还能分红。按股份分红的部分，只是合作社土地经营、森林经营、房产经营的利润；其他集体资产（如村办的建筑公司、运输公司等，还有马上要办的水厂、木材加工厂、蔬菜深加工等）经营产生的利润按照每年年终现有人口进行分配。这两类分配方式是为了防止拉大贫富差距。而且，为了避免财产和收入分配差距过大，塘约村不提倡个人资金入股。一个家庭的收入主要包括三个部分：财产性收入、经营性收入和劳务性收入。财产性收入是指入股的那部分；经营性收入是指村集体按人口数分配的部分；劳务性收入是指劳动收入，在建筑公司、运输公司以及合作社土地上劳动的收入（工资）。在村办企业上班，按照计件制（包括土地耕种）发放工资。当前塘约村合作社的管理办法是，理事会"包厂子"，制订盈利目标，按照盈利多少调节管理

---

① 王宏甲：《塘约道路》，人民出版社2017年版，第64页。

层收入，如果出现亏损，管理层还需要进行抵扣（类似于押金制）；中层管理"包产量"，每亩制定产量目标，超产部分则给予奖励。

在不到3年的时间里，塘约村走把家庭承包分散经营改变为集体统一经营、发展集体经济道路的成效显著。左文学介绍说，"2014年是创业初期，村集体收入还不足4万元；2015年，村集体收入84万元；2016年，村集体收入实现202.4万元。两年多的时间，贫困人口从2014年的138户、645人减少到2016年初的26户、82人，截至2016年底，贫困人口只有19人（多为残障人员）"。塘约村不仅经济发展、收入增加，而且其他各个方面也有很大的变化。加强了党的建设，实行"党支部管全村、村民管党员"，坚持"三会一课"制度和党员的学习活动，通过党员评价表让村民给党员的表现打分，强化了对党员和干部的监督，更好地发挥了党的领导和党员的模范带头作用。外出务工经商的劳动力绝大部分返乡，改变了"空巢家庭""空巢老人""留守儿童""妻离子散"的状况，刹住了吃喝风、赌博风等不良风气。加强了道路、环境等基础设施建设，生态环境、村容村貌、社会风气也都发生了很好的变化。

## 二、"塘约道路"的不同看法和正确评价

《塘约道路》出版后，引起了广泛的关注，反响强烈，出现

# 第四章 塘约村的新探索与"塘约道路"之争

了多种不同的看法,甚至完全相反的评价。根据报刊和网络上看到的文献资料,归纳起来大致存在以下六种评价和疑问:一是"塘约道路"是在市场经济条件下重走集体化的光明大道,是重新组织起来搞集体经营、发展集体经济,同步实现小康、走向共同富裕的道路;二是"塘约道路"就是人民公社道路,证明包产到户、分田单干的农村改革方向错了,不应该取消人民公社制度,现在应该退回去;三是"塘约道路"是否定家庭承包经营责任制,要走回头路,反对40多年来的农村改革,是与改革背道而驰、逆潮流而动;四是"塘约道路"是在特定条件下依靠个别能人带领才能走的路,不可复制;五是"塘约道路"不是什么自力更生、艰苦奋斗之路,而是依赖政府扶持和投入的道路;六是"塘约道路"的本质是资本主义的不归路,是土地私有化的"阴谋"。

究竟应该如何认识和评价"塘约道路",这是非常值得深入研究探讨的问题。笔者认为,对"塘约道路"既不应该轻视,更不应该否定,也不应该人为拔高,而应该实事求是地肯定、鼓励、提倡、支持、完善。为了更好地帮助包括塘约村在内的广大农村至今还没有富起来的村庄探索致富和共富之路,本书根据《塘约道路》等大量论著的详细介绍和笔者的实地调查访问,特对以下几种不同的主要代表性观点做出我们的评论,以求得正确的共识。

## 1. "塘约道路"绝不是资本主义的不归路

有的人认为,这种"塘约道路"下的集体所有制,并非真正的集体所有制，而只是以政府为主的资本主义私有制，是以剥削和压迫劳动者为基础，以雇佣劳动为前提，这种"集体"并非劳动者集体，而是资本家集体。在这里，集体所有的土地变成了承包农民的私有"财产"，农民可以借此入股，获得利润分成收入，从而变成了新式"红色"资本家。所以"塘约道路"本质上是姓"私"，其本质是资本主义的。笔者觉得这种对"塘约道路"的武断评价是极不负责任、极不严谨科学的。的确，塘约村在走把家庭承包分散经营改变为集体统一经营、发展集体经济道路时，首先进行了"七权"确权登记颁证，把农地部分产权明确到个人家庭并且参加收入分配，对原来的集体经济进行了股份合作制的改造，但是绝不能由此断定塘约村把公有的集体所有制变成了资本主义私有制。因为，塘约村现在实行的与社会主义市场经济相适应的股份合作制，农地所有权并没有量化到个人，所有者都是本村的农民，都是劳动者，绝不是什么新式"红色"资本家。虽然不是完全意义上的集体所有制，但是绝不是资本主义私有制，而是现阶段农村集体所有制的还有待发展完善的一种实现形式。究竟应该如何正确分析认识现在塘约村实行的股份合作制的性质、作用和问题，下面将具体展开说明。

## 2. "塘约道路"也不是要走回头路

有一种观点认为，塘约道路就是人民公社道路，塘约村将承包地重新流转到村集体，由集体统一经营，实际上是取消了家庭承包经营制，从实践上证明了包产到户、分田单干的农村改革方向错了，不应该取消人民公社制度，现在应该退回去。与此同时，还有另外一种担心或者顾虑，害怕塘约村这样做会否定40多年来中国农村改革的必要性和正确性。甚至有人认为，"塘约道路"是否定家庭承包经营责任制，要走回头路，实质上是反对40多年来的农村改革，是与改革背道而驰，逆潮流而动。如前所述，笔者认为这三种看法都不准确，也不符合实际。"塘约道路"虽然是实行集体经营、发展集体经济的道路，与人民公社道路在本质上是一致的，但是"塘约道路"能够弥补人民公社道路的不足，所以不能简单地把塘约道路等同于人民公社道路，更不能认为"废除人民公社，实行家庭联产承包为主的责任制"的农村改革犯了方向性错误，现在应该退回去。因此，也不用担心害怕"塘约道路"会根本上否定40多年来中国农村改革的必要性和正确性，更不能指责塘约道路是要搞倒退、反对农村改革。我们现在既要看到40多年来中国农村改革取得的巨大成就，因而不能认为农村改革方向错了，"第一个飞跃"是不应该的；又必须承认"三农"问题突出，需要进一步深化改革，努力实现"第二个飞跃"。《塘约道路》介绍说，有人提出疑问："把分下去的承包地重新集中起来，是不是走回头路啊？"左文学回答说："我想过了，以前那叫改革，我们这叫深化改革。"改革和深化改革都是必要的、正确的，还是在农村第一线的最基层的农民干部比我们学者更聪明、更符合实际啊。

### 3. "塘约道路"更不是依赖政府扶持之路

有人提出，塘约村是政府大量输血、精准扶贫的典型，不是自力更生走集体化道路的模板。从《塘约道路》的详细介绍到许多去塘约村考察的各界人士多个方面的了解，以及我们当面对左文学书记的询问，都得知，塘约村并不是政府出钱扶植起来的所谓"先进典型"。塘约村是从痛定思痛，决心艰苦奋斗、抱团发展开始的，甚至在他们最需要得到启动资金支持时，并没有得到任何一方的资金援助，而是10位领导班子成员做好家属的工作以个人名义向农村信用社贷款给集体用，做支付土地流转费用与购买农机、种子、化肥的启动资金，亏损了集体不负责，由个人承担，所以他们一开始就面临着偿还贷款的压力，不得不日夜拼命干。受灾以后的3年来，塘约村的确得到了政府拨付的部分资金，但都没有超出应得的救灾款、扶贫款，没有超出所有农村都能得到各种支农资金、种粮补贴、新农村建设补助基金等的范围，并没有得到特殊照顾。左文学说："我们得到的政策都是贵州省内的普惠政策，没有得到特殊政策。"

### 4. "塘约道路"是在社会主义市场经济条件下把家庭承包分散经营改变为集体统一经营、发展集体经济的新路

从《塘约道路》的详细介绍、各类媒体上的采访报道，以及

笔者的实地调查访问了解到的实际情况来看，塘约村的确是重新组织起来，改变了单家独户、单打独斗的困难局面，把村民的承包地流转到了村集体，把家庭个体经营转为村集体经营，按照市场经济运行的要求，实行民主决策、企业化管理，进行以农为主的多样化产业的生产经营，而且集体经济发展成效显著，真正走上了把家庭承包分散经营改变为集体统一经营、发展集体经济的新路。实质上，"塘约道路"是要在新的历史条件下，适应生产社会化程度、农业生产技术和机械化水平大幅提高，实行市场经济的条件下，探索中国社会主义新农村实行集体经营、发展集体经济、实现共同富裕的新途径。

## 5. "塘约道路"具有普遍意义，是可复制、可持续之路

也有人认为，塘约村是干得不错，但是这是在特定条件下、有一个能人带领的特例，不具有普遍意义，不可复制，难以持久。塘约村之所以能够走把家庭承包分散经营改变为集体统一经营、发展集体经济的道路并且取得明显成效，的确是在大灾大难之后，人们走投无路，迫切需要抱团取暖的情况下，重新走上集体经营道路的，也的确是在左文学书记这样一个有眼光、有能力的好领路人和好党支部（好领导班子）的坚强有力领导下，重新走上集体经营道路的，但是不能因此断言"塘约道路"是不可复制、不可持续的。因为，全国大多数实行家庭个体经营的农户都还没有

富起来，都迫切要求致富，而种田大户、家庭农场、资本下乡办农业企业等经营方式都只能使少数人富起来。如果塘约村走把家庭承包分散经营改变为集体统一经营、发展集体经济道路，使得全体村民真正走向共同富裕，榜样的力量将是无穷的，必将产生巨大的示范效应，将会有许多村庄仿效，现在许多省市农村干部、群众和学者成群结队去塘约参观考察就是证明。而且我们坚信坚持社会主义方向的党和国家也一定会大力提倡和支持。任何地方都会有乐于奉献的能人，关键是要有合理的制度安排，形成有效的激励监督约束机制，让这些乐于奉献的能人能够走上领导岗位，而且不蜕化变质，即使是老的能人退休了，也会有新的能人接上来。现在加强党的建设、改善党的领导、反腐倡廉、建立健全农村民主监督制度等，就是为了能够做到这一点。当我们问到"塘约的红旗能扛多久"时，左文学书记的回答是："我有信心，关键在两个方面：一是培养一批一心为公、一心为民的干部，实现公平、公正、公开和廉洁自律；二是加大党内民主建设，扩大党外民主建设，加强村民自治，通过村民自治来规范村庄的生产生活。"只要做到这两条，塘约村的发展道路完全可复制、可持续。

## 三、塘约村股份合作集体经营面临的问题和完善的途径

塘约村走把家庭承包分散经营改变为集体统一经营、发展集

# 第四章
塘约村的新探索与"塘约道路"之争

体经济的新路,首先进行了股份制改造,把原来的集体所有、家庭承包经营制转变为股份合作集体经营制,这种新的制度究竟是不是真正的集体所有制,有什么合理性、存在什么问题、应该怎样发展完善呢?笔者的基本看法主要包括以下三个方面:

## 1. 塘约村合作社是新型的社会主义合作社

笔者认为,塘约村合作社不是某个大户、能人或者资本牵头办的农村专业合作社,而是集体办的综合性农村合作社,实际上实行的是不完全的股份合作制,其本质是在社会主义市场经济条件下农村集体所有制的具体实现形式,既不同于完全意义的股份合作制,也不同于成熟完善的集体所有制,其发展趋势应该是成熟完善的集体所有制。主要有以下三方面原因:

第一,完全的股份合作制应该是所有资产的所有权都必须量化到个人、家庭和入股的其他公私经济单位(公有企业、私营企业、集体所有经济体等),实行由大股东掌控的股份经营,不是集体经营,利润完全按股分配,而塘约村合作社只是把承包地的经营权量化到个人或者家庭,作价入股,包括土地在内的所有资产的所有权依然是集体的即左文学所说的"全体村民所有",实行集体经营,纯收入既要按股分配,更要按全体村民人头分配,所以塘约村合作社实行的不是完全的股份合作制,只是带有部分股份合作制的因素而已。之所以要将承包地的经营权作价入股,是因为家庭承包经营制已经实行了30多年,现在还是市场经济,想要村民无偿将承包地交回到村集体很难办到，必须给予相应的补偿，作价入股，参与纯收入分配，就是一种更容易被接受而且简便易行的方式。

第二，成熟完善的集体所有制，应该是包括土地在内的全部资产都属于集体所有，也就是由所有集体成员平等地共同所有，所有权所包括的占有权、经营使用权、收益权、处置转让权在内的所有权利都不量化到个人和其他经济体，集体成员在集体内共同劳动，实行集体经营和单一的按劳分配。而塘约村合作社，一方面由于实行包括土地在内的资产集体所有制和集体经营，所以是一种与实行家庭承包经营制不同的新型集体所有制；另一方面由于还实行承包地的经营权作价入股和部分经营性资产入股[①]，部分纯收入要按股分配，所以又是带有股份合作制色彩的不完全、不成熟的集体所有制。

第三，建成成熟完善的农村社会主义集体所有制是中国特色社会主义发展的方向，也是中国农业"第二个飞跃"的目标，适应这个要求，塘约村现在正在实行的带有股份合作制色彩的集体所有、集体经营制，还必须不断创新改进，逐步发展成为成熟完善的集体所有、集体经营制。只有这样，才能最终消除贫富两极分化，走向共同富裕。

---

[①] 塘约村不提倡个人资金入股，左文学说，"现金入股会拉大农村的贫困差距，他有钱占股多，分红就多。""如果没有钱发展，我们就去贷款"。

## 2. "塘约道路"是社会主义市场经济条件下实现中国农业"第二个飞跃"的有效途径

从以上分析可见,塘约村现在走的实行集体经营、发展集体经济的道路,既不同于实行家庭承包经营制的现行集体所有制,也不同于人民公社式的集体所有制,是农民更容易接受、更适应市场经济发展要求的新型农村集体所有制,既能够克服家庭承包经营制的不足,又能避免人民公社制度的缺陷,而且更有能力实现产业多样化经营和规模经营,克服小生产与大市场的矛盾、小规模分散的家庭个体经营与规模经营的矛盾、人多地少的矛盾,更有利于应对市场风险、经营风险、自然风险、家庭生活风险,是实现邓小平提出的中国农业"第二个飞跃"的有效途径。

## 3. "塘约道路"可能面临的困难和问题及应对途径

"塘约道路"毕竟只是走了3年,股份合作集体经营的制度还不健全、不完善,面临许多问题和困难,主要有以下四大问题。

(1) 组织领导问题。实践证明,特别是先进村庄发展的成功经验表明,如果没有党的正确领导和一个廉洁能干的领导班子,中国农村的社会主义集体经济不可能得到持续稳定的发展。塘约村之所以能够走把家庭承包分散经营改变为集体统一经营、发展集体经济的新路,并且在3年时间就取得明显成效,首先归功于以左文学书记为代表的有眼光、得力、能干的村"两委"领导班子。塘约村要在正确的道路上成功地走下去，首要问题还是长期保持有一个廉洁能干的领导班子，不仅是要保持现有领导班子不蜕化变质，而且还要在现任领导班子退休以后，后继有人。为此，除了继续坚持和完善塘约村已经采取的一些有效措施之外，还必须进一步加强党的建设，改善党的领导，发挥党员的先锋模范带头作用，特别是要坚持完善和强化村民民主监督制度，既有效防止干部搞特权腐败、多吃多占、蜕化变质、官僚主义、瞎指挥，又能及时有效地让德才兼备、廉洁奉公的能人走上领导岗位，从而保证领导班子廉洁能干。

（2）产业发展选择问题。"无农不稳、无工不富、无商不活"，农村经济要达到富裕繁荣并且持续稳定，农民要真正走向共同富裕，特别是在人多地少的中国，仅靠农业的发展哪怕是实现了农业现代化，也是远远不够的，必须发展非农产业。而且由于科学技术的不断进步，发展任何产业都不可能是一劳永逸、一成不变的，特别是在市场供求不断变化、存在激烈市场竞争的市场经济条件下，更是存在经营失败的风险。因此，塘约村要想持续稳定有效地发展集体经济，面临的一个关键问题是，必须小心谨慎、坚忍不拔地因地制宜、合理选择发展产业，不断调整优化产业结构。

（3）制度完善问题。由于塘约村现在实行的是带有股份合作制色彩的集体所有集体经营制，尚不健全完善，需要不断创新改进，逐步发展成为成熟完善的集体所有集体经营制。具体而言，还有以下几个制度方面的主要问题必须逐步合理妥善解决。

一是雇工经营问题。塘约村搞多种产业特别是非农产业经营，如果发展壮大了必然也会像华西村、南街村、官桥村等先进农村主办的企业那样，由于本村劳动力不够，不得不雇用外地民工，按照马克思主义政治经济学的基本原理，这些雇用外地民工的村集体主办的企业的纯收入中，必然多少也会有外地民工创造的价值，也就是多少会有剥削的存在。在社会主义初级阶段，包括私有制以及混合所有制在内的多种所有制并存和市场经济条件下，还不可能实行纯粹单一的公有制，存在剥削的情况难以避免，而且应该适当允许合法存在，为了坚持公有制经济的基本原则，可能的做法应该是尽可能给予外地民工更合理优厚的报酬和待遇，除了得到必要劳动创造的价值以外，提高他们的待遇也能在一定程度上分享剩余劳动创造的价值。需要指出的是，不能因为这些主要实行集体所有、集体经营的村庄还存在雇工经营，就全盘否定这些村庄经济所具有的社会主义性质，认为这些村庄的经济是"集体资本主义经济"。

二是"入社自愿、退社自由"问题。塘约村合作社现在实行的"入社自愿、退社自由"的原则，在条件成熟之后需要修改完善。"入社自愿"应该没有多大问题，走把家庭承包分散经营改变为集体统一经营、发展集体经济的新路，必须尊重农民的意愿和选择，不能强迫命令，但也不能是任何人想入社就能入社的。

特别是合作社壮大起来以后，想入社的人会越来越多，更不能想入就入，只能是本村村民和对本村集体经济发展有重大贡献的人、外村愿意以全村及其村民的全部资产加入而又有利于本村集体经济发展者，因此应该修改完善相关章程规定。问题比较大的是"退社自由"，如果想退就退，就能够随时抽走自己原来的承包地，就可能严重损害村集体的利益。因为村里的全部土地都由集体统一进行了规划、修整、安排、使用，所以我们建议塘约村深入调查研究，修改完善"退社自由"这条原则。可以考虑规定退出不能抽走自己原来的承包地，但是给予合理的经济补偿。因为抽走自己原来的承包地会严重损害全体村民的利益，而且土地的所有权是集体的，并不是承包者私人的；如果完全不补偿，也不公平合理。也可以考虑让退出者抽走与他原来的承包地同等数量的土地，而地理位置由村集体决定，这样既能基本满足退出者的愿意，又能减少村集体的损失。

三是承包地经营权入股分红问题。由于塘约村现在实行承包地的经营权作价入股，部分纯收入要按股分配，还是带有股份合作制色彩的不完全不成熟的集体所有制，所以要健全完善集体所有集体经营制度，还必须创造条件，逐步消除这种股份合作制的色彩。否则，不仅集体所有制无法健全完善，而且还会产生许多难以解决的问题，包括：现在"确权"是给农户户主的，如果老人去世，股权由其子女继承，但是没有儿女怎么办？有女儿出嫁到村外又怎么办？农户家增加人口了怎么办？减少人口了又怎么办？

是否要增减农户承包地的经营权作价入股的数量？而且无论增减都存在不公平合理的问题，都会出现类似实行家庭承包经营制时存在的"集体所有制的性质决定增人要增地、减人要减地与农业稳定有效经营要求承包地长期不变"的自身无法解决的矛盾，承包地经营权入股分红表明还不可能做到统一的按劳分配，可能造成不合理的收入差距，等等，这些问题也只有消除承包地经营权入股分红才可能迎刃而解，从根本上解决。怎样合理逐步消除承包地经营权入股分红呢？在集体经济做强做优做大以后，村民都不愿意离开集体了，可以采取老户主去世一个就取消一户的承包地经营权入股分红的方法，所有老户主都去世了，所有的承包地经营权入股分红也就都取消了。还可以在收入分配上想办法，如逐步降低入股分红的比重。当然，这都是长期才能做到的。

四是收入分配问题。塘约村实行的是按劳分配和按其他要素所有权分配相结合的方式，注意了在收入分配上防止拉大贫富差距，但"334"的比例分配是每年利润的40%分给股东，按股权分配占大头，还不是完全意义上的社会主义公有制的分配方式。所以需要在不严重影响各方面积极性的前提下，采用逐步扩大按劳分配的比重、不断缩小按股分红比重的方式，完善分配方式，直至完全取消按其他要素所有权分配的方式，这样也就更容易消除承包地经营权入股分红，健全完善集体所有制。同样，这也是短期内不可能做到的，需要经过一个比较长的发展过程。

（4）国家的提倡鼓励、支持、扶植问题。由于农村由家庭承包经营制转向集体经营制是中国新的历史条件下实行邓小平提出的"第二个飞跃"、更好地发展集体经济的新的路径,作为坚持社会主义方向的国家相关机构不能视而不见、不闻不问、听之任之,更不能只是重视支持资助各种非集体经营方式,应该提倡鼓励、支持、扶植走把家庭承包分散经营改变为集体统一经营、发展集体经济的新路,帮助总结经验教训,提出指导性意见,合理有序推广。中国已经进入工业反哺农业、城市支援农村的阶段,农业和农村的发展需要得到国家更多的支持,实际上国家现在每年在扶贫、支农、惠农上的资金投入数额巨大。据报道,2016年中央财政投放到农村的预算资金达17000亿元,加上地方配套资金,可能近30000亿元。[1] 我们认为这是应该的,而且还需要不断增加,但是好钢要用在刀刃上,与其锦上添花,主要用于支持种田大户、家庭农场、资本下乡办的农业企业,不如雪中送炭,重点用于帮助贫困地区和不太富裕地区农村重走集体经营道路。这些资金应该更多用于支持农村把家庭承包分散经营改变为集体统一经营,特别是在最需要帮助的启动资金方面给予及时的支援。这不仅是雪中送炭,而且能够起到"四两拨千斤"的作用,因为,这样更有利于发展农村集体经济,持久稳定脱贫,真正使全体农民走向共同富裕。

---

[1] 刘学文:《深化农村改革要守住"两条底线"——对话中央党校教授、博士生导师徐祥临》,载于《贵州民族报》2017年7月28日。

# 第五章

# 中国"三农"问题与工业化和城镇化

中国"三农"问题的合理有效解决,农业现代化和农民共同富裕的实现,离不开工业化和城镇化,而且"三农"问题不最终解决、农业现代化不实现,工业化和城镇化也不能最终真正实现,更不可能实现工业现代化和城镇现代化。因此本章主要探讨和论述中国"三农"问题与工业化和城镇化的相互关系,以及工业化、城镇化和农业现代化适度同步、协调推进的路径。

## 一、工业化和城镇化与"三农"问题

工业化、城镇化是绝大多数国家由贫穷落后走向发达繁荣的必由之路,而工业化和城镇化的过程必然同时也是"两个非农化和城镇化"(即农民非农化和城镇化、农地非农化和城镇化)的过程以及农业现代化的过程。实现工业化、城镇化、农业现代化和"两个非农化和城镇化",都是实现经济社会现代化的重要内容,也是有效解决"三农"问题的基本途径,相互之间紧密联系、相互制约。如果能够适度同步、协调推进,就能够相辅相成、成功实现;反之,则相互掣肘,难以顺利实现。

## 1. 工业化和城镇化与"两个非农化和城镇化"[①]

(1) 工业化与城镇化及其相互关系。工业化一般是指工业(或者制造业、第二产业)在国民收入和劳动人口中所占的比重持续上升的过程。这是一个经济结构不断变化、人均国民收入和包括农业在内的劳动生产率不断提高,由以农业为主导的农业经济社会逐步向以工业为主导的工业经济社会转变的过程。工业化是科学技术进步、社会分工和专业化深化、农业和手工业发展、消费结构演进的必然趋势,而工业化又对科学技术的进步、社会分工和专业化的深化、产业结构的优化、农业和手工业的发展、资源的优化配置、效率的提高、财富和收入的增加、消费结构和水平的提升以及消费需求的满足、经济社会的进步具有不可替代的作用,是人类社会生产的革命性变革,能够极大地提高劳动生产率,创造前所未有的巨大的物质财富和精神财富。工业化是产

---

① 参见简新华、余江:《中国工业化与新型工业化道路》,山东人民出版社2009年版;简新华、何志扬、黄锟:《中国城镇化与特色城镇化道路》,山东人民出版社2010年版。

业结构演进的必然趋势,是产业发展必经的关键阶段,是社会经济发展的必经过程。工业主要在城市发展,但是部分也可能在农村发展,这种情况被称为"农村工业化"。

城市化或城镇化(urbanization)是指第二、第三产业在城镇集聚,农村人口不断向非农产业和城镇转移,使城镇数量增加、规模扩大,城镇生产方式和生活方式向农村扩散、城镇物质文明和精神文明向农村普及的经济、社会发展过程。城市化是农民或农村人口越来越少、城市人口越来越多的变化过程,但在我们所能预见的未来,不可能不存在工农、城乡之分,农业和农村也不可能消失,农村人口不可能减少到零,城市人口也不可能增加到总人口的100%。城市化还是在发展水平上的城乡差别、工农差别先扩大后逐步缩小直至消失的过程。因为工业和城镇比农业和农村更先进、发展更快,所以在工业化和城市化初期甚至中期,工农差别和城乡差别会扩大,随着工业化和城镇化的推进,经济社会的发展,农民大量减少,伴随着传统农业的技术改造特别是农业机械化的实现、农业劳动生产率的大幅度提高、城市先进的生产方式和生活方式向农村的扩散、城市的物质文明和精神文明向农村的普及,工农和城乡差别将逐步缩小直至消失。在城镇化过程中,大部分农民将转变为市民,部分农地将变为城市用地,部分农村会成为城市,而且在经济社会发展水平上的城乡差别将逐步消失,所有的农村都会采用城市那样的先进的生产方式和生活方式,实现城市那样的物质文明和精神文明。这种情况又被称为"农村城镇化",所以城镇化包含农村城镇化。

工业化是城市化的发动机,城市化又是工业化的促进器。机器大工业引起了大规模的集中生产,而工业的集聚必然导致人口的集中居住,产生大规模的城市;农村落后、农业收入低形成推力,城市先进、工业收入高形成拉力,推动农民向城市流动迁移,实现非农化、城市化。正是产业革命加速了城市化的进程,使现代城市成为世界的主宰。城市的根本特点是集中,是制造业中心、商业中心、市场中心、金融中心、信息中心、服务中心、文化教育中心和政治中心等,具有多种功能,城市化正好适应了工业化的要求,能够产生集聚效益、规模效益和分工协作效益,形成发达的城市文明,为工业化创造了重要的有利条件,极大地推动工业化和整个社会经济的发展。所以,工业化、城镇化是必然伴侣,是绝大多数国家由贫穷落后走向发达繁荣的必由之路,实现工业化和城市化是发展中国家的主要任务。

(2) 工业化和城镇化与农业现代化。农业现代化是指由传统农业向现代农业转化的过程,也就是用现代科学技术和现代工业来改造、装备、经营、管理农业,把以手工技术为基础,主要依靠人力、畜力,分散、小规模经营的传统农业转变为实现机械化、规模化、集约化、绿色化、高效化的现代农业的过程。

工业化、城镇化和农业现代化都是现代化的不可缺少的重要组成部分,三者之间紧密相关、不可割裂,必须协调配合、适度同步推进。农业的一定发展是工业化和城镇化的前提条件,工业

第五章 中国"三农"问题与工业化和城镇化

化和城镇化则是农业现代化的根本途径,农业现代化能够促进工业化、城镇化。

从英国开始的欧美发达国家的工业化和城市化历程与改革开放以来中国快速工业化和城镇化的实践都已证明:在总的发展趋势上,工业化和城镇化必然要以农业一定程度的发展为前提,因为只有这样才能为工业生产提供必要的产品市场、劳动力、资金和农产品,如果农业极端落后,工业也难以发展;工业化和城镇化的推进又可能促进农业的发展和现代化,因为工业化和城镇化会增加对农产品的需求,为农业提供更加广阔的市场,而且可以创造更多的就业机会,吸纳大量农村剩余劳动力,还能够为应对自然灾害、改善农业生产条件,以及实现农业机械化、规模化、集约化、绿色化提供必要的技术和物质条件,极大地提高农业劳动生产率,增加农民的收入;农业的发展和现代化又能为工业化和城镇化创造更好的条件,促进工业现代化和城镇现代化。

世界各国工业化和城市化的历史还告诉我们,如果工业化和城镇化的道路不正确,以牺牲农业和农民的利益为代价来发展工业和城市,不仅不能实现农业现代化、改变农村贫穷落后的面貌,也不可能真正实现高质量的工业化和城镇化,更不可能实现工业现代化和城市现代化。

(3) 工业化和城镇化的过程是"两个非农化和城镇化"的过程。所谓"两个非农化和城镇化",即农民非农化和城镇化、农地非农化和城镇化,是指农民到非农产业就业和成为市民、农业用地转变为工商业和城镇用地。农民成为非农产业的职工就是农民非农化,农民迁移到城镇居住成为市民就是农民城镇化;农地转变为工商业用地就是农地非农化,农地转变为城镇用地就是农地城镇化。这是工业化和城镇化的必然趋势,工业化和城镇化的过程,也就是农民非农化和城镇化及农地非农化和城镇化的过程。因为工业化开始之前是以农业为主导的农业经济时代,劳动力主要是农民,从事农业生产,土地主要是农地,主要用于农业生产,因此发展工业生产和进行城市建设必然需要的劳动力只能主要从农民转变而来,必然需要的土地也只能主要从农地转变而来。

两个非农化和城镇化必须适度同步协调推进,否则不是占用农地过多,导致土地资源的浪费和大量无地、无业、无社会保障的"三无"农民的出现,严重影响粮食安全和社会稳定;就是农民进城过多,造成"过度城市化",产生严重的"城市病"和"农村病"[①],形成大面积的"贫民窟",导致农村衰败凋敝。而且,这两种情况最终都可能形成或扩大城镇的贫民阶层。因此,必须正确处理农民非农化和城镇化与农地非农化和城镇化的相互关系,实现二者的协调治理。

这一点对人多地少、人地矛盾十分尖锐、人均耕地大大低于

---

① 所谓"城市病"是指城市化过程中出现的城市住房拥挤、交通堵塞、环境脏乱差、疾病流行、失业严重、治安恶化、存在大面积"贫民窟"的现象。所谓"农村病"是指城市化过程中出现的农民,特别是优质劳动力过度流失、农村人口老化和弱质化、土地抛荒、农业衰败、农村凋敝的现象。

世界平均水平、农民数量巨大、"三农"问题突出的现阶段的中国,更是显得特别重要。中国现在城镇化质量不高,不仅表现为农民城镇化滞后于农民非农化、人口城镇化滞后于人口非农化、工业化和城镇化与农业现代化不同步、城镇化滞后于工业化和经济发展、农业现代化滞后于工业化和城镇化,而且还表现为"两个非农化和城镇化"不协调、农民非农化滞后于农地非农化和城镇化、农民城镇化滞后于农地非农化和城镇化。由于人口非农化和城镇化主要就是农民非农化和城镇化、土地非农化和城镇化主要就是农地非农化和城镇化,所以农民非农化和城镇化滞后于农地非农化和城镇化,也就是人口非农化和城镇化滞后于土地非农化和城镇化。2011 年中国城镇化率是 51.27%,比 2010 年提高 1.59%;2011 年全国批准建设用地 61.17 万公顷,其中转为建设用地的农用地 41.05 万公顷,转为建设用地的耕地 25.30 万公顷,同比分别增长 26.3%、21.6%、19.4%。据报道,改革开放以来,"在长达 30 年的时间内,我国的城市建成区面积扩大了 4 倍,但城镇人口只增加了 1.6 倍"。据有关研究,中国有数以千万计的"三无"农民。[①] 这些情况表明,中国农地城镇化的速度快于人口城镇化的速度,农地非农化和城镇化的提高速度要比农民非农化和城镇化的提高速度快得多,说明现在城镇化占地增长过快、过

---

① 简新华、罗钜钧、黄锟:《中国城镇化的质量问题和健康发展》,载于《当代财经》2013 年第 9 期。

多，利用效率不高，不利于城镇化的健康持续发展。

## 2. 工业化、城镇化和农业现代化的协调平衡发展

什么是工业化、城镇化与农业现代化的协调平衡发展？为什么必须协调平衡发展，怎样才能协调平衡发展？

（1）协调平衡发展的标志。工业化、城镇化与农业现代化的协调平衡发展是指三者适度同步、协调推进。具体而言，主要标志应该是：工业化能够有效推进城镇化，为农村剩余劳动力转移提供相应的就业机会，为农村提供必要的技术、设备、资金和市场，切实带动农业现代化；城镇化健康发展，适应工业化和经济发展的状况与要求，既不超前也不滞后于工业化和经济发展，农民的非农化与城镇化同步实现，没有产生严重的"城市病"和"农村病"；工业和城市适时反哺农业和农村，真正支持农业和农村的发展；农业产业化、机械化、规模经营水平、劳动生产率和农民收入不断提高，工农、城乡差别逐步缩小直至消失。

（2）协调平衡发展的必要性。工业化、城镇化和农业现代化都是现代化的重要组成部分，是相互影响、相互制约的关系，只有相互协调配合，才能相互促进、相辅相成、有效实现。

如前所述，工业化是城镇化的发动机，城镇化是工业化的促进器，二者必须协调发展、平衡推进。如果工业化超前，城镇化滞后，就会使得工业发展缺乏市场和条件，从而延缓工业化的进程，无法实现发达的工业化；如果工业化滞后，城镇化超前，则

会形成"过度城镇化",出现大面积的"贫民窟",带来严重的"城市病"和"农村病"。城镇化必须依靠产业支撑,否则就是"唱空城计",会造成"过度城镇化"。没有产业的发展和集聚,无法提供推进城镇化所必需的人口、就业机会、资金,即使依靠行政的力量,人为增加城镇人口,进行城市建设,搞"房地产化",也不可能长久持续,甚至可能出现"鬼城化"。

农业的一定发展是工业化和城镇化的前提,工业化和城镇化是农业现代化的必要条件,农业现代化是工业化和城镇化的必然趋势,能促进工业化和城镇化的健康发展。如果没有工业化和城镇化的发展,会使得农村剩余劳动力没有出路、经济技术条件缺乏,农业现代化也不可能实现。假若农业现代化滞后,也会使得工业发展缺乏市场和条件、工业化和城镇化对劳动力和土地的需求不能得到有效满足,从而拖工业化和城镇化的后腿。还可能出现大量贫苦农民盲目涌进城市,也会形成"过度城镇化""贫民窟化",带来严重的"城市病"和"农村病"。而且,城镇化不仅是农民向非农产业和城镇转移,城镇数量增加、规模扩大的过程,同时还是城市先进的生产方式和生活方式向农村普及、工农和城乡差别逐步缩小以致消失、城乡一体化和农业现代化实现的过程,如果城镇化只是城镇的土地面积和人口增加,没有相应的城市先进的生产方式和生活方式向农村的普及、工农和城乡差别的缩小及农业现代化的推进,甚至把城镇化搞成剥夺农民、损害农民利益的过程,那就是一种极为有害的病态城镇化。根本解决中国突出的"三农"问题,仅有农业现代化是不够的,更离不开工业化和城镇化,必须依靠工业化、城镇化和农业现代化的协调平衡发展。

而且,尽管工业化、城镇化和农业现代化的发展有先后、速度和程度的差别,不可能"齐步走",但是三者都是现代化的重要内容,缺一不可,只有最后同时都实现了,现代化才能最终实现。其中任何"一化"的任务没有完成,都不能说实现了现代化。所以,三者必须协调、平衡发展,最后同时实现。

(3)协调平衡发展的途径。如何实现三者的协调平衡发展呢?现阶段的当务之急,首先应该是加快目前处于滞后状态的农业现代化、人口城镇化的步伐。

走中国特色新型工业化道路,调整优化制造业内部结构,重点发展高端制造业和战略性新兴制造业,大力发展生产性服务业,进入世界产业价值链高端,生产更多更先进的价廉物美的技术装备,更好地满足农业现代化、城镇化的需要,注重发展环保产业、循环经济、低碳经济、绿色经济,节约资源,保护环境,进一步合理有效推进工业化。[1]

走中国特色新型城镇化道路,以人为本,以人的城镇化为核心,以农民工市民化为重点,加快城乡有别的二元户籍、社会保障、就业、土地、住房、教育等制度的改革,合理增加城镇化的

---

[1] 简新华、余江:《中国工业化与新型工业化道路》,山东人民出版社2009年版,第341页。

第五章 中国"三农"问题与工业化和城镇化

投入,着力克服人口城镇化滞后于工业化、人口非农化和土地城镇化、农业现代化滞后于工业化和城镇化、中西部城镇化滞后于东部城镇化、城镇建设和管理滞后于人口城镇化的"六个滞后"现象,切实解决半城镇化、被城镇化、房地产化、棚户区化、"大跃进"城镇化、过度城镇化、"鬼城"化、空壳化、土地城镇化过度、城镇规模结构不尽合理、城乡差别扩大化、"贵族化"城镇化等缺陷,有效提高城镇化质量,积极稳妥推进健康的新型城镇化。[1]

走中国特色农业现代化道路,深化农村改革,完善现行农地制度和经营方式,实行合理的多样化、兼业化、分工协作专业化的适度规模经营,加大工业反哺农业、城市支援农村的力度,提高农业机械化、产业化、信息化的水平,延伸农业产业链,推进农产品的深加工,增加农业的附加值,大力发展绿色农业、特色农业、优质农业、高效农业和农村服务业,加快农业现代化的步伐。[2]

## ➤ 二、农地制度与工业化和城镇化

由于工业化和城镇化的过程也是农民非农化和农地非农化的

---

[1] 简新华等:《中国城镇化的质量问题和健康发展》,载于《当代财经》2013年第9期。

[2] 简新华:《中国农地制度和经营方式研究》,载于《政治经济学评论》2013年第1期。

过程，只有农民非农化和农地非农化顺利合理有效实现，工业化和城镇化才能顺利合理有效推进，农地制度（主要包括农地所有制、农地流转、征用、非农化、经营、管理制度）则是制约农民非农化和农地非农化能否顺利合理有效实现的基本制度。改革开放以来，中国工业化和城镇化之所以能够快速取得巨大成就，现行农地制度功不可没。之所以存在各种问题和不足，现行农地制度不完善则是重要原因之一。因此，新时代要进一步实现工业现代化和高质量的健康的新型城镇化，必须深化农地制度的改革和创新。

## 1. 农地制度特别是集体所有制功不可没

劳动力和土地是工业化和城市化不可缺少的基本要素，工业化和城市化需要占用大量的劳动力和土地，劳动力的成本和土地的价格是工业化和城市化成本的重要组成部分，充足价廉的劳动力和土地供给是工业化和城市化极为有利的条件，可以极大地降低工业化和城市化的成本，增加工业化和城市化其他方面的投入，使得工业化和城市化能够以更快的速度更顺利有效地实现。充足廉价的农村劳动力和廉价的农地正是中国改革开放以来工业化和城镇化快速推进，40多年就取得了欧美发达国家以往100多年才取得的巨大成就的重要因素。

中国为什么能够提供充足廉价的农村劳动力和廉价的农地呢？除了人口众多、经济发展水平低、农村剩余劳动力数量庞大使得劳动力充足价廉之外，独特的农地制度也是重要原因。

首先，由于实行家庭承包经营责任制，极大地调动了农民的生产经营积极性，提高了农业劳动生产率，使得农村剩余劳动力需要到非农产业和城镇寻找出路。导致劳动力供给充足价廉，满足了快速推进工业化和城镇化对劳动力和人口的需求，节约了工业化和城镇化的成本，并且推动乡镇企业异军突起，加速了农村工业化的进程。

其次，本来中国人多地少，人均耕地低于世界平均水平，农地非农化的成本或者说向农民征用土地的价格（费用）应该高昂，但是中国现行的农地集体所有制和国家垄断征用的农地非农化制度，与土地私有化和市场化的制度相比，能够更容易并且以较低的费用（对失地农民的补偿费）取得工业化和城镇化所需要的土地，同时给政府带来大量土地转让费，用于城市和基础设施建设，更快地推进了工业化和城镇化。

最后，欧美发达国家工业化和城市化的历程表明，工业化和城市化是经济社会结构发生革命性变革的时期，在经济社会快速发展的同时往往也是社会矛盾尖锐化、社会冲突加剧、社会激烈动荡的时期[①]，会增加工业化和城市化的成本、延缓工业化和城市化的进程。而中国的农地集体所有制，在完善的社会

---

① 欧美发达国家在200多年的工业化和城镇化过程中，贫富两极分化，社会矛盾复杂尖锐，罢工、起义、革命此起彼伏，国内外战争连绵不断，甚至发生两次世界大战。

保障制度建成之前为农民提供了最后一条保障线，使得在城镇务工经商失败的农民拥有能够再回乡务农的退路，为防止像以往欧美国家在工业化和城市化过程中与现在许多发展中国家那样出现大面积的城市"贫民窟"、维持社会稳定、给工业化和城镇化顺利有效推进提供良好有利的社会背景条件，发挥了重要作用。

## 2. 土地增值收益分配和土地财政的是与非

农地非农化会产生巨大的土地增值收益，如何合理有效分配和使用土地增值收益，不仅涉及失地农民的生存和致富，而且是能否顺利有效实现工业化、城镇化和农业现代化的关键因素之一，更是改革开放以来中国能够快速推进工业化和城镇化的重要原因。所谓土地财政是改革开放以来中国各级政府通过征收农地并转让使用权而增加财政收入的一种财政制度。土地财政收入的来源是在工业化和城镇化过程中农地非农化产生的土地增值收益，土地财政实质上是政府参与土地增值收益分配的一种方式。具体来说就是政府根据经济社会发展的需要制定土地利用规划，向农民征收农地，转变为国有土地，并给予相应的补偿，再改变土地的用途，采用"招拍挂"的方式，以较高的价格（土地使用权转让费）出让一定期限内土地的非农使用权，获取土地出让金。因此人们也把政府的土地财政收入通俗地说成是政府"卖地的收入"。

土地被征用的失地农民得不到合理的补偿和安置、农民的土地权益受到侵犯、土地财政和开发商暴利被普遍诟病，是中国近些年来面临的一系列非常突出的问题，有效解决上述问题，应该是国家现在要修改完善土地管理法的重要原因之一。怎样才能保护农民的土地权益，使得失地农民得到合理的补偿和安置，合理解决土地财政和开发商暴利问题，这实质上是农地转变为工业化和城镇化用地而产生的增值收益应该如何合理分配的问题。

（1）土地增值收益不能由失地农民独得。工业化和城镇化能够使得土地大幅度增值，交通运输等基础设施建设、城市建设、工商业项目、开发区用地需求都极大地推动了土地价格的上涨，大城市郊区的农地价格可能上涨到上百万元一亩。但是，即使是让失地农民获得全部或大部分土地增值收益，通过卖地致富的也只能是少数城市郊区和土地被工商及基础设施建设项目占用的农民，大部分农民不可能卖地致富。因为，不是什么土地都存在增值收益，不是大部分农地，更不是全部农地都能产生大量增值收益，只有工业化、城镇化已经和将要开发及占用的那部分土地才能有较多的增值收益。即使是由于土地的稀缺性，土地价格可能存在上涨趋势，但这种上涨是长期的、缓慢的、有限的，更何况农民不可能全部通过改变农地用途获得巨额土地增值收益，卖地致富，成为百万富翁。而且，土地增值收益不应也不能完全由失地农民独享。像某些大城市那样拆迁出千万富翁、亿元富翁，其实是不合理、不公平的现象。

（2）土地增值收益合理分配的原则。那么，土地增值收益究竟应该依据什么原则、怎样合理分配和使用呢？笔者认为，不顾老百姓死活或只是站在失地农民的立场上"为民请命"争利，一味责怪政府或为政府做辩护，或者只为资本说话都不正确。土地增值收益的分配和使用，首先必须考虑土地为什么会大幅度增值、如何兼顾相关利益者的权益、怎样分配和使用才能更有利于经济社会的发展。工业化和城镇化占用的土地之所以能大幅度增值，主要是因为国家和其他投资者大量投资进行了"七通一平"（通路、通水、通电、通气、通邮、通信、通航与平整土地）等基础设施的建设和城市及工商业项目的建设，推进了工业化和城镇化进程。工业化和城镇化既增加了土地的需求又改变了土地的用途，而工商用地的经济效率远远高于农业用地，土地因此而大幅度增值，地价因此而大幅度上涨。土地需求的大量增加也推动土地价格提升，再加上土地地理区位的垄断性和难以替代性，使得土地可能出现垄断高价，另外，政府为了保障粮食安全、促进土地节约高效利用、参与土地增值收益分配、增加财政收入、筹集城镇和基础设施建设资金，实行严格的土地保护制度、农地非农化的政府垄断征用、"招拍挂"和所谓"土地财政"制度，限制非农用地的供给，也是地价房价上涨过高的因素。必须明确的是，土地财政主要是政府参与土地增值收益分配的方式，不是地价房价过高的主要原因。土地增值收益主要不是由于失地农民改良了原来占用的土地或改变了土地的地理区位而增值的,但农地是农民所有的,转让所有权必须获得相应的收益。所以,地利必须共享,土地增值收益不能由失地农民独得,必须在国家、相关投资者和土地被征用的农民之间合理分配。

土地增值收益如何分配才是合理的呢?首先要保证处于弱势地位的失地农民的合理权益,而且也要给国家和相关投资者必要的补偿或回报。为什么首先要保证失地农民的合理补偿?因为失地农民是土地的所有者,所有者的利益必须首先保证,否则所有者有权拒绝转让土地,无法改变土地的用途,满足工业化和城镇化对土地的需求,而且失地农民是弱势群体,自身难以维护其权益,容易被强势群体侵犯,需要国家和社会给以必要的保护。为什么也要给国家和相关投资者必要的补偿或回报?因为只有这样,国家才能收回应该收回的投资,从而更有能力、更有积极性进行基础设施和城镇的建设,相关投资者也才有动力进行基础设施和城镇及工商项目的建设。

(3) 土地财政有一定合理性。基于以上说明,笔者认为土地财政是有一定合理性的,不能全盘否定土地财政的必要性和合理性。适当的土地转让费应该是地方财政收入的来源之一,政府得到的合理的部分土地增值收益是对政府整治国土、进行基础设施投资的必要的回报,这有利于地方的建设和发展。现在的问题是政府获得的土地转让费应该占多大的比重,应该怎样使用?笔者认为,在首先保证失地农民获得合理补偿、相关投资者得到必要的适当的而不是过高的回报或暴利、房价主要不是因此而过高或暴涨的前提下，余下的部分都应该由政府掌握，主要用于国土整治、基础设施和城市建设、反哺"三农"、补充社会保障基金、帮助农民工实现市民化，特别要防止成为地方"小金库"、用于"三公"开支、相关管理人员贪污挪用的情况发生。

（4）前些年最突出的问题是失地农民获得的太少。前些年，在征地拆迁方面最突出的问题是土地增值收益国家和开发商拿到的太多，各级政府每年获得数以万亿计的土地转让费，房地产开发商中亿万富翁的数量最多、增长最快，失地农民获得的太少，甚至存在相当数量的"三无"农民，严重影响经济发展和社会稳定，既不公平，也不合理。造成这种状况的主要原因不是土地公有制，而是其他相关制度和管理存在缺陷，特别是征地制度和补偿制度不合理、不完善。解决的办法不是土地私有化，而应该是深化改革，完善相关制度法规和严格执法，加强监督和管理，确定土地增值收益分配的合理原则和比例，真正保障失地农民得到应有的补偿。特别是要在土地征用和转让过程中，防止官商勾结、违规暗箱操作，使失地农民和政府吃亏。

什么是失地农民应得的合理补偿呢？参照世界银行给发展中国家工程贷款对因工程建设而被迫移民拆迁的农民补偿的要求，笔者认为，合理补偿应该是以保证失地农民的稳定就业、享有与城镇居民同样的社会保障而基本生活无忧并且比原来要好为最低标准。

## 3. 工业化和城镇化的成功实现需要深化农地制度的改革和创新

虽然现行农地制度对中国工业化和城镇化快速成功推进功不可没，但是现行农地制度的缺陷也是迄今为止中国工业化和城镇化存在的问题与不足的重要原因。

例如，"半城镇化"是中国城镇化最突出的问题。现在中国有 1 亿多农民工在城镇务工经商，但还只是实现了非农化和"半城镇化"，成为第二、第三产业的职工，却没有实现市民化、享受不到城镇居民的待遇，农民非农化和城镇化滞后于农地非农化和城镇化，工业化和城镇化占地过多过快而吸纳的农村人口相对过少过慢，存在所谓"化地不化人"的现象。除了城乡有别的户籍制度、社会保障制度、教育制度、就业制度和住房制度的制度缺陷之外，还存在现行农地集体所有制、土地流转制度、征用制度、土地财政制度和家庭承包经营责任制的不足，这也是造成"半城镇化""化地不化人"的重要制度原因，使得农民难以合理有效放弃承包地，得到合理的补偿，持久稳定地退出农业和农村，土地财政收入也没有很好地用于农民工市民化。

又如，城市住房价格居高不下的同时城市土地利用率不高，这也是中国城镇化存在的突出问题。之所以如此，其中一个重要因素是现行农地征用和分配使用制度有缺陷，完全由政府垄断征用和规划使用，使得城市建设、工商业和国有单位占地更多，而住房建设用地偏少，土地利用效率难以提高，在城市住房刚需很大的情况下，房价也很难不上涨。

再如，在征地拆迁过程中存在腐败现象，群体事件不断发生，少数人暴富与失地农民补偿不足和利益受损并存，土地转让费使用不合理，用于城市和建设更多，用于农民特别是农民工和民生过少，甚至存在热衷于搞"形象工程""面子工程"，其主要原因就是现行农地征用补偿制度和土地财政收入管理与使用制度不完善。

所以，新时代要进一步实现工业现代化和高质量的健康的新型城镇化，必须深化农地制度的改革和创新，健全完善农地所有制，以及农地流转、征用、非农化、经营、管理制度建设。

## 三、中国的城镇化及其发展道路

改革开放以来，中国城市化①加速推进，城市化水平大幅度

---

① 需要说明的是，中国城市化现在有两种提法，一是中国城市化，二是中国城镇化。城市化与城镇化翻译成英文都是"urbanizazhion"，其基本含义都是指非农产业和人口向城市集聚、城市先进的生产方式和生活方式向农村普及、城乡差别缩小以致消失的经济社会发展过程。两者没有本质的区别，只是部分中国学者认为，中国人口众多，实现城市化的人口不可能都住在大中城市，还有相当部分要住在小城镇。为了表示中国城市化与外国城市化的这种不同特点，提出中国要推进的应该是包括小城镇在内的城镇化。国际上通用的是城市化，中国的正式文献和大多数中国学者在讲中国城市化时采用的是中国城镇化，而部分中国学者坚持中外都采用城市化的提法，一般讲市化或者讲外国城市化时普遍也是采用城市化概念。为了行文方便，本书不加区别的同时使用城市化与城镇化两种提法。

# 第五章
## 中国"三农"问题与工业化和城镇化

提高，由 1978 年的 17.9% 上升到 2015 年的 56.1%、2018 年的 59.58%，①吸纳了数以亿计的农村剩余劳动力，极大地增加了农民除了农业以外务工经商的收入。城市和基础设施建设取得了举世瞩目的惊人成就，不仅原有的城镇发生了翻天覆地的变化，而且更多、更大、更现代化的新城镇建设起来。如深圳由一个贫穷落后的小县城发展成为一个现代化的特大城市，上海的浦东新区已经不亚于美国纽约的曼哈顿。与此同时，地价房价高企，数以亿计地实现了非农化的农民工还没有实现市民化，不能享受与城市居民同等的福利待遇，难以在城市安居乐业，"半城镇化"现象突出；征地拆迁过程中的腐败现象，"城中村""小产权房"问题尖锐难解，对失地农民补偿不足与拆迁出"亿万富翁"的不合理现象同时存在；部分地区重速度、轻质量，搞"过度城镇化"，交通堵塞、垃圾围城、环境恶化、雾霾频现、暴雨成灾、社会治安问题突出的"城市病"日益显现；人口城市化滞后于土地城市

---

① 1978 年的 17.9% 是常住人口与户籍人口基本一致的城镇化率，2015 年的 56.1% 是常住人口城镇化率，两者之差是否准确反映了中国城镇化水平提高的程度呢？的确，常住人口中有 1.6884 亿人还只是实现了"半城镇化"的外出农民工，因此常住人口城镇化率高于户籍人口城镇化率，常住人口城镇化率夸大了城镇化的实际水平，上述两个城镇化率之差的确不能准确反映中国城镇化水平提高的程度。但是，即使是完全扣除在城市的农民工而计算的户籍人口城镇化率，也有 43.8%，城镇化水平也提高了 25.9 个百分点，上升幅度也是很大的。而且，户籍人口城镇化率也不能准确反映中国城镇化水平的高低，而是偏低了，因为大部分农民工毕竟长年生活工作在城市，已经实现了"半城市化"，完全不计算在城镇人口中也是不合理的，更为准确的计算方法至少应该是把 1.6884 亿外出农民工的 50% 也算作城镇人口，这样计算的中国城镇化率就是 49.96%，更能准确表明中国城镇化水平有了很大提高。

化,把城市化搞成"房地产化",无产业和市场支撑;存在片面追求高楼、广场、新奇、高档、宏大、气派的"贵族化"城市化的偏差;等等。

对中国城市化这种极为复杂的局面,究竟应该怎样正确评估,其产生的原因是什么,如何才能兴利除弊、合理有效推进高质量的健康的新型城市化,这是现在国内外都十分关心、中国理论界研究的热点问题。

## 1. 怎样正确评价城市化及其发展道路

要正确合理评价中国城市化及其发展道路,首先必须明确什么是城市化及其道路,怎样全面准确地衡量城市化及其道路的是非功过,这是正确判断的理论前提。否则,就无法实事求是地科学评价一个国家城市化及其道路,就会各说各话,不仅达不成共识,还会产生严重的分歧,甚至完全相反的看法。也就不能正确认识中国城市化的现状、取得的成绩和存在的问题及其产生的原因,进而也提不出积极稳妥、合理有效推进中国城市化的有针对性的正确的对策。

城市化与城市化道路是两个含义不同而又紧密联系的概念。城市化或者城镇化是指非农产业和人口向城市集聚、城市先进的生产方式和生活方式向农村普及、城乡工农差别缩小以致消失的经济社会发展过程,不仅是产业和人口在城镇的集聚。衡量城市化总体状况即判断城市化水平和质量的高低、进程的快慢以及特征的主要指标有四个。(1) 数量指标。城市化率即城市人口占总人口的比重,由于中国存在农村人口、农业人口、户籍人口、常住人口、城区人口等多种不同的人口统计指标,城市人口的计算口径也不尽相同,主要采用常住人口和户籍人口两个指标。与此相应的就有两个城市化率即常住人口城镇化率和户籍人口城镇化率,如前所述,这两个指标都有缺陷,都不十分准确,都需要做相应调整和校正。(2) 速度指标。城市化率提高的速度,一般存在快、慢、适度三种情况,城市化的速度是快一些好还是慢一些好,没有一个绝对的数量标准,要看城市化质量的高低优劣。质量高的城市化,无论快慢都好;质量低的城市化,无论快慢都不好。(3) 质量指标。一是城市化与工业化和农业现代化的协调程度,协调的城市化的质量高,不协调的城市化的质量低。一般而言,超前、滞后的城市化是低质量城市化,与工业化和农业现代化适度同步的城市化才是高质量城市化。二是人口城市化与土地城市化的关系。一般而言,人口城市化超前、滞后于土地城市化都是低质量城市化,只有两者协调同步才是高质量城市化。三是工农和城乡差距的状况及其变化。一般而言,工农和城乡差距大、扩大的城市化是低质量城市化,工农和城乡差距小、缩小甚至消失的城市化是高质量城市化。四是城市和农村的发展状况。一般而言,存在严重城市病和农村病的城市化是低质量的病态城市化,城市病和农村病不严重甚至不存在的城市化是高质量的健康城市化。(4) 特征指标。一是城市规模结构状况。一般而言,以大城市为主的是大城市化，以小城镇为主的是小城镇化，大中小城镇协调并举的是大中小城镇结合型城市化，不同的国情决定应该采取不同类型的城市规模结构，人口大国实行大中小城镇结合型城市化更为合理。二是城市和人口空间分布状况。形成城市圈带网群的是网络式城市化，只有少数甚至个别大城市的是据点式城市化，两种情况并存的是网络式与据点式相结合的城市化；城市人口分布在许多城镇的是分散型城市化，城市人口集中在少数个别城市的是集中型城市化，两种情况都有的是分散型与集中型相结合的城市化。这些城市和人口空间分布状况不同的城市化，本身不存在好坏优劣之分，适合国情的城市和人口空间分布就是合理的，否则就是不合理的。值得注意的是，城市化水平高低衡量存在狭义和广义之分：狭义城市化水平高低仅指城市化率高低；广义城市化水平高低则包括城市化率高低、城市化质量（健康）状况。

特别需要指出的是，并不是所有城市化都有益无害，任何城市化都有利于经济的发展和社会的进步。城市化存在超前城市化、滞后城市化、适度城市化、病态城市化、健康城市化等多种不同的类型。超前城市化、滞后城市化、低质量的病态城市化，会造成严重的"城市病"和"农村病"，产生城乡差别扩大、城市剥削农村、农村衰败、城乡对立等经济社会问题，极不利于工业化和经济社会的协调发展。只有适度城市化、高质量的健康城市化，才有利于工业化的顺利实现和经济社会的协调发展。

怎样才能合理有效推进适度城市化,实现高质量的健康城市化,发挥城市化的巨大作用呢?关键在于走正确合理的城市化道路。所谓城市化道路是指实现城市化的动力、机制、原则和方式,所要解决的是怎样实现合理健康的城市化的问题。城市化道路的主要内容包括:(1)处理城市化与工业化和经济发展关系的方式,是超前过度或滞后不足,还是协调适度同步推进城市化;(2)处理工农城乡(城市化与农业现代化)关系的方式,是偏向工业和城市、牺牲"三农",还是工农城乡协调、适时合理反哺"三农"、城市化与农业现代化协调同步推进;(3)城市规模结构的选择,是搞大城市化、小城镇化,还是大中小城镇结合并举;(4)城市空间布局的选择,是实行网络式、据点式,还是两种相结合型城市化,是推进分散型、集中型,还是两种相结合型城市化;(5)城市化的实现机制(包括相关制度安排、体制机制),主要是解决城市化的人口、土地、资金、产业、就业、居住、资源环境等基本问题的途径和方式,包括怎样实现人口流动集聚和安居乐业、土地取得和利用、资金筹集、产业集聚、就业、资源获得和利用、环境的影响和保护等,是依靠市场机制、政府机制,还是市场与政府结合的机制;(6)城市的建设或发展方式,是采用粗放、外延、单一化、片面追求数量速度的方式,还是集约、内涵、多元化、注重质量效益的方式,是放任自流、严格限制,还是科学规划和管理。城市化道路不同,城市化的状况和成效必然也不同，城市化道路的是非决定城镇化的功过优劣。①

## 2. 正确认识中国城镇化及其发展道路

究竟应该如何评价改革开放以来中国城镇化的利弊得失、中国城镇化道路的是非功过，笔者已经有过一些正面论述。

笔者于2009年12月出版的与何志扬和黄锟合著的《中国城镇化与特色城镇化道路》一书中，在概述城市化及其道路基本理论和国内外研究成果，回顾和比较主要发达国家、主要发展中国家的城市化及其道路的成功经验和失败教训的基础上，比较全面系统地论述了改革开放前后的中国城镇化的历程（包括发展阶段、主要特征、成就和问题、制约因素和动因、基本经验和启示），分析了中国城镇化的特殊性、现状和前景，比较了中国传统的城镇化道路与中国特色的城镇化道路的具体内容、特征及是非功过，说明了中国城镇化与城乡二元制度的关系。

在《当代财经》2013年第9期发表的《中国城镇化的质量问题和健康发展》中，分析和论述了近年中国城镇化存在的"六个滞后"和"十大问题"，提出了解决的主要途径是以农民工市民化为重点、协调"两个非农化和城镇化"、大力发展非农产业以支撑城镇化、加快农业现代化步伐、实现"四化同步"、加快中

---

① 简新华等：《中国城镇化与特色城镇化道路》，山东人民出版社2009年版，第1、15页。

西部城镇化步伐、形成新的城市群"增长极"、多渠道筹措城镇化资金、深化城乡二元制度改革以创新制度、转变城镇发展方式、严格城镇规划、加强城镇建设、提高城镇管理水平、城镇化与新农村建设协调并举。

在国务院发展研究中心主办的《经济要参》2013年第22期发表的《新型城镇化"新"在何处?》与《管理学刊》2014年第6期发表的《新型城镇化与旧型城镇化之比较》中,则提出了新型城镇化的主要特征和优点是:以人为核心,以提高质量为关键,以农民工市民化为首要任务,城镇化与工业化、信息化、农业现代化和服务化协调推进,工农城乡协调发展,"两个非农化和城镇化"协调,土地节约高效利用,城镇结构和空间布局合理,城镇化地区差异缩小,多渠道筹集城镇化资金,集约紧凑、智能高效、绿色低碳、文化传承、城镇建设和管理水平更高,以市场推动、政府促进,统筹规划、分类指导,积极、稳妥、有序、扎实推进。

为了避免过多的重复,本部分不再对中国城市化及其道路的利弊得失、是非功过展开全面系统论述,只是从总体上概括说明笔者的基本看法。[①]

(1) 中国城镇化的巨大进展及其成因。

第一,惊人成就。改革开放以来,中国城镇化加速推进,

---

[①] 简新华:《中国城市化道路之争的辨正——评贺雪峰、文贯中、张曙光的相关论著》,载于《学术月刊》2016年第11期。

城镇化水平大幅度提高，取得有目共睹的惊人成就：城镇化率由1978年的17.9%上升到2018年的59.58%，城镇数量由1978年的193个增加到2014年的655个。城市和基础设施建设成就巨大，基本改变城镇化长期滞后于工业化的状况，形成三大城市群、大中小城市和小城镇并举的格局，扩大了市场需求，增加了就业，推动了经济社会发展，促进了工业化、信息化、农业现代化、经济服务化，吸纳了数以亿计的农村剩余劳动力，开辟了农民增收的新渠道，农民也分享了城镇化的成果，在一定程度上普及了城市先进的生产和生活方式，提高了城乡居民的生活水平和生活质量，在经济社会转型期基本维持了难得的社会稳定。

第二，取得惊人成就的主要原因。总体来说，改革开放和传统重工业优先排斥城市化的发展战略的调整，促进了农业的发展，加快了工业化进程，增加了收入，创造了更多非农产业的就业机会，为城镇化提供了产业支撑和资金支持，极大地推动了城镇化。现行农地集体所有制和家庭承包制，解放了大批农村剩余劳动力，为工业化和城镇化提供了充足价廉的劳动力和廉价的土地，为农民提供了一条保障线，基本维持了社会稳定。户籍制度限制农民进城的束缚被冲破，又为数以亿计的农民进城务工经商提供了可能性。政府的征地制度和土地财政制度在一定程度上实现了地利共享、涨价归公，为城市化和基础设施建设提供了有力的资金支持。

（2）中国城镇化现在面临的主要问题和缺陷及其产生的原因。

第一，主要问题和缺陷。中国城镇化现在已经不是在数量上的速度太慢、水平太低、严重滞后的问题，而是在城镇化质量方面存在突出问题和缺陷，主要是人口城镇化滞后于人口非农化、土地城镇化以及工业化和经济发展，人口非农化滞后于农地非农化，农业现代化滞后于工业化和城镇化，城镇建设和管理滞后于人口城镇化，"半城镇化"现象突出，"两个非农化和城镇化"不协调，存在"被城镇化""大跃进"城镇化现象与"贵族化"倾向，土地增值收益的分配和使用不完全合理，城镇居民分享的城镇化成果比农民多，城乡差别扩大，城镇规模结构不合理，城镇化的地区差异较大，城镇建设滞后，城市生存条件不佳，环境质量不优。提高质量是中国现在城镇化健康发展的关键。

第二，问题和缺陷产生的基本原因。一是不利的客观条件。中国需要实现城镇化的农民的绝对数量十分庞大，所需的城镇化资金数额巨大、短期难以筹集，人口众多，就业形势严峻，人多地少，人均资源占有量低，粮食安全问题突出，严重制约中国城镇化，使得面临的困难更多更大。二是城镇化道路和发展战略存在偏差。有的为了通过征地增加财政收入，发展房地产业推动经济增长，做出以 GDP 为主要标志的政绩，盲目、片面追求城镇化速度和水平；存在重工业化、城镇化，轻农业现代化的发展战略偏差，忽视农村发展和农民利益，引起"过度城镇化""被城镇化"；有的城镇化的出发点和目标定位不正确，偏向城市和富人，过于超前，城市规划、建设、管理水平不高，导致城镇化的"贵族化"。三是相关制度不完善，社保、户籍、住房、土地、就业、教育等制度不健全，再加上城镇化特别是农民市民化的资金不足，造成"半城镇化"。城乡有别的二元制度严重阻碍着农民工的市民化，户籍制度先是限制农民进城，现在是使非农化的农民工不能成为市民、实现市民化；社会保障制度不健全，农民工缺乏社会保障，难以融入城镇，还要以土地作为最后一条保障线，不可能完全离开土地；就业制度不合理，农民工就业受歧视，难以在城镇"乐业"；住房制度不公平，农民工享受不到城镇居民同等待遇，无法安居；土地占用、流转、使用权有偿转让制度不完善，造成土地闲置抛荒现象，也使得农民工难以离开土地，完全融入城镇，即使离开土地也得不到合理的补偿；土地征用和土地财政制度、土地增值收益分配和使用制度有缺陷，对失地农民的补偿不足，对农村和农民反哺也不够；教育制度有缺陷，家乡留守儿童难以受到良好教育，在城镇的农民工子女受歧视，农民工培训不足。制度不完善是当前推进城镇化的主要障碍。

中国城市化的成就和问题缺陷，反映了城镇化道路的是非功过。改革开放以来，中国城镇化之所以在取得巨大成就（功）的同时存在突出问题和缺陷（过），除了中国国情和客观条件之外，主要原因是城镇化道路存在"是"和"非"，有"是"才有"功"，有"非"才有"过"。

(3) 中国城市化道路的"是"。

主要包括：转变了重工业优先、限制城镇化发展的传统工业化战略，实行了适应工业化和经济社会发展要求的积极推进城镇化进程的新战略，充分利用发挥了廉价劳动力和廉价土地的优势；适应市场经济的要求，发挥市场配置和聚集各种资源的作用，逐步放开了人口流动的限制，采取了允许和支持农民进城务工经商的政策；实行国家规划垄断征用、"招拍挂"增减挂钩的农地非农化制度，既满足了城镇化的土地需求，又保护了耕地；改变了城市建设和发展完全由政府包办，特别是中央政府控制的体制，放权让利给各级地方政府，调动了地方推进城镇化的积极性，采取包括引进外资在内的多渠道筹措城镇化资金，特别是通过实行征地补偿、土地财政制度，提供了大量城镇化资金；实行了由先提倡发展小城镇、后重视发展大城市转向强调大中小城市与小城镇协调并举、鼓励形成城市圈带网群的城市规模结构和空间布局的方针转变；发挥后发优势，学习借鉴了发达国家城市建设和管理的大量先进技术与有益经验教训。

(4) 中国城市化道路的"非"。

主要包括：没有根本变革城乡有别的社会保障制度、户籍制度、就业制度、土地制度、住房制度、教育制度，使得农民工难以在城镇安居乐业、城镇化难以持续有效推进、农村剩余劳动力无法持久稳定转移、土地的闲置和浪费；政府征地制度和土地财政制度存在缺陷，易产生腐败现象，土地增值收益用于人口城镇化特别是农民工市民化太少，对失地农民的补偿不合理；存在重城市轻农村、重土地城市化轻人口城市化、重政府的作用轻市场的作用，以及片面追求城镇化速度和水平，忽视城镇化的质量和效益的认识和政策偏差，也是中国城镇化存在突出问题和缺陷的重要原因。上述这些"非"，实际上在中国城镇化的问题和缺陷产生的基本原因的论述中已有说明。

从以上对中国城镇化及其道路的是非功过的分析和说明可见，中国城镇化的合理对策应该是对症下药，全面深化改革、创新相关制度，走中国特色新型城镇化道路，多渠道筹措资金，积极稳妥、合理有效地推进以人为中心的健康的高质量的新型城镇化。

# 附录

## 本书作者主要相关研究成果
### （中国工业化、城镇化、"三农"问题）

［1］简新华、黄锟：《中国工业化和城市化过程中的农民工问题研究》，人民出版社2008年版。

［2］简新华、余江：《中国工业化与新型工业化道路》，山东人民出版社2009年版。

［3］简新华、何志扬、黄锟：《中国城镇化与特色城镇化道路》，山东人民出版社2009年版。

［4］辜胜阻、简新华：《当代中国人口流动与城镇化》，武汉大学出版社1994年版。

［5］简新华：《发展经济学研究——中国工业化和城镇化专题》（第四辑），经济科学出版社2007年版。

［6］简新华：《解决"三农"问题的根本途径》，收录于《中国经济热点问题探索》，经济科学出版社2002年版。

［7］辜胜阻、简新华：《论农村人口流迁的双重作用及其对策》，载于《中国人口科学》1995年第4期。

［8］简新华：《中国农村人口流动的合理化和对策》，载于《经济评论》1995年第5期。

[9] 简新华：《城市化的国际经验及启示》，载于《经济日报》1996年9月2日。

[10] 简新华：《论农村工业化与城市化的适度同步发展》，载于《经济学动态》1997年第7期。

[11] 简新华、刘传江：《世界城市化的发展模式》，载于《世界经济》1998年第4期。

[12] 简新华：《增加农民收入是扩大内需的重要途径》，载于《当代财经》2002年第12期。

[13] 简新华、向琳：《新型工业化道路的特点和优越性》，载于《管理世界》2003年第7期。

[14] 简新华、向琳：《论中国的新型工业化道路》，载于《当代经济研究》2004年第1期。

[15] 简新华：《农村城市化与农民非农化》，载于《中国改革》2003年第2期。

[16] 简新华：《走中国特色的城镇化道路》，载于《光明日报》2003年8月5日。

[17] 简新华：《论中国特色的城镇化道路》，载于《发展经济学研究》（第二辑），经济科学出版社2004年版。

[18] 简新华、张建伟：《构建农民工的社会保障体系》，载于《中国人口资源与环境》2005年第1期。

[19] 简新华、张建伟：《从"民工潮"到"民工荒"——农村剩余劳动力有效转移的制度分析》，载于《人口研究》2005年第2期。

[20] 简新华：《社会主义新农村的经济制度和生产经营方式》，载于

《理论动态》2006年12月10日。

[21] 简新华、曾一昕：《社会主义新农村的内涵和建设途径》，载于《福建论坛》2006年第11期。

[22] 简新华、何志扬：《中国工业反哺农业的实现机制和路径选择》，载于《南京大学学报》2006年第5期。

[23] 简新华、张建伟：《从农民到农民工再到市民——中国农村剩余劳动力转移的过程和特点分析》，载于《中国地质大学学报》2007年第6期。

[24] 简新华：《新农村与城镇化协调并举——解决"三农"问题的新思路》，载于《中国改革报》2007年1月30日。

[25] 简新华、张国胜：《论中国"农民非农化"与"农地非农化"的协调》，载于《求是学刊》2007年第6期。

[26] 简新华、黄锟：《中国农民工最新生存状况研究——基于765名农民工调查数据的分析》，载于《人口研究》2007年第6期。

[27] 简新华、张国胜：《日本工业化、城市化进程中的"农地非农化"》，载于《中国人口资源与环境》2006年第6期。

[28] 简新华：《积极稳妥推进城镇化：调整城乡结构的关键举措》，载于《人民日报》2010年3月18日。

[29] 简新华、黄锟：《中国城镇化水平和速度的实证分析与前景预测》，载于《经济研究》2010年第3期。

[30] 简新华：《"劳工荒"的原因、利弊分析与合理应对》，载于《中国经济问题》2010年第3期。

[31] 简新华：《中国工业化和城镇化的特殊性分析》，载于《经济纵

横》2011 年第 7 期。

[32] 简新华：《新生代农民工融入城市的障碍与对策》，载于《求是学刊》2011 年第 1 期。

[33] 简新华：《如何实现健康的城市化？》，载于《光明日报》2012 年 6 月 7 日。

[34] 简新华：《中国"三农问题"与新农村建设》，载于《湖湘三农论坛 2012 株洲》，湖南师范大学出版社 2012 年版。

[35] 简新华：《中国土地私有化辨析》，载于《当代经济研究》2013 年第 1 期。

[36] 简新华：《户籍制度和社会保障制度改革》，载于《经济日报》2013 年 1 月 18 日。

[37] 简新华：《城镇化及其道路理论的创新》，载于《经济研究参考》2013 年 3 月 26 日。

[38] 简新华：《中国农地制度和经营方式研究——兼评中国土地私有化》，载于《政治经济学评论》2013 年第 1 期。

[39] 简新华：《土地增值收益究竟应该怎样合理分配？》，载于《经济要参》2013 年第 21 期。

[40] 简新华：《为什么我国实行土地私有化是有害的》，载于《红旗文稿》2013 年第 19 期。

[41] 简新华、杨冕：《从"四化同步"到"五化协调"》，载于《武汉大学学报》2013 年第 6 期。

[42] 简新华、罗钜钧、黄锟：《中国城镇化的质量问题和健康发展》，载于《当代财经》2013 年第 9 期。

## 附录 本书作者主要相关研究成果

[43] 简新华：《中国究竟应该怎样实现农业规模经营?》，载于《经济要参》2013 年第 46 期。

[44] 简新华：《正确理解〈改革决定〉农地制度改革的精神》，载于《经济要参》2013 年第 49 期。

[45] 简新华：《破除提高城镇化质量的制度障碍》，载于《人民日报》2014 年 1 月 19 日。

[46] 简新华：《农民为企业家种地不是趋势》，载于《经济要参》2014 年第 20 期。

[47] 简新华：《新型城镇化与旧型城镇化之比较》，载于《管理学刊》2014 年第 6 期。

[48] 简新华：《警惕和防止国企及农地变相私有化》，载于《中州学刊》2014 年第 7 期。

[49] 简新华：《必须高度重视邓小平的"两个飞跃"理论，切实有效发展农村集体经济》，载于《经济要参》2015 年第 7 期。

[50] 简新华、杨冕：《"中国农地制度和农业经营方式创新高峰论坛"综述》，载于《经济研究》2015 年第 2 期。

[51] 简新华：《中国新常态：实施三个新战略》，载于《财经科学》2015 年第 8 期。

[52] 简新华：《中国农村改革和发展的争议性问题》，载于《学术月刊》2015 年第 7 期。

[53] 简新华、曾卫：《中国城市化道路之争的辨正——评贺雪峰、文贯中、张曙光的相关论著》，载于《学术月刊》2016 年第 11 期。

[54] 简新华、李楠：《中国农业实现"第二个飞跃"的路径新探——

贵州省塘约村新型集体经营方式的调查思考》，载于《社会科学战线》2017年第12期。

［55］简新华：《持续稳定脱贫致富必须组织起来、发展集体经济》，载于《经济要参》2019年第17期。

［56］简新华、王懂礼：《农村土地流转、农业规模经营的创新——浙江省农村经济改革和发展调查报告》，载于《经济要参》2019年第21期。

［57］简新华、聂长飞：《新中国70年农地制度、农业经营方式的演进和农村集体经济发展》，载于《经济研究参考》2019年第21期。

# 主要参考文献

［1］［英］安德罗·林克雷特：《世界土地所有制变迁史》，上海科学社会出版社 2016 年版。

［2］蔡昉等：《中国农村改革与变迁——30 年历程和经验分析》，格致出版社 2008 年版。

［3］蔡继明：《论中国土地制度改革》，载于《山东农业大学学报》（社会科学版）2005 年第 3 期。

［4］蔡继明、邝梅：《论中国土地制度改革》，中国财政经济出版社 2009 年版。

［5］陈东琪：《新土地所有制》，重庆出版社 1989 年版。

［6］陈桂棣、春桃：《中国农民调查》，人民文学出版社 2004 年版。

［7］陈吉元、韩俊：《中国农村工业化道路》，中国社会科学出版社 1993 年版。

［8］陈吉元、胡必亮：《中国的三元经济结构与农村剩余劳动力转移》，载于《经济研究》1994 年第 4 期。

［9］陈锡文：《中国不会实行土地私有化》，载于《人民日报海外版》2007 年 1 月 31 日。

［10］陈锡文、韩俊：《中国特色三农发展道路研究》，清华大学出版社 2014 年版。

[11] 陈锡文、罗丹、张征：《中国农村改革40年》，人民出版社2018年版。

[12] 陈锡文等：《中国农村制度变迁60年》，人民出版社2009年版。

[13] 陈志武：《财富的逻辑1：为什么中国人勤劳而不富有》，西北大学出版社2015年版。

[14] 陈志武：《农村土地私有化后结果不会比现在糟》，载于《财经时报》2005年10月8日。

[15] 陈志武：《让土地真正私有化》，载于《中国企业家》2012年5月10日。

[16] 成德宁：《中国经济发展中的"三农"问题》，山东人民出版社2009年版。

[17] 程国强：《中国粮食调控目标、机制与政策》，中国发展出版社2012年版。

[18] 程国强：《中国农业补贴制度设计与政策选择》，中国发展出版社2011年版。

[19] 党国英：《农村集体经济制度研究论纲》，载于《社会科学战线》2017年第12期。

[20] 党国英：《中国农业、农村与农民》，五洲传播出版社2006年版。

[21] 《邓小平文选》（1～3卷），人民出版社1994年版、1993年版。

[22] 杜润生：《杜润生改革论集》，中国发展出版社2008年版。

[23] 杜鹰等：《中国农村人口变动面对土地制度的影响》，中国财政经济出版社2002年版。

[24] 樊亢、宋则行：《外国经济史》，人民出版社1983年版。

[25]［美］盖尔·约翰逊：《经济发展中的农业、农村、农民问题》，商务印书馆2005年版。

[26] 郭熙保、郑淇泽：《确立家庭农场在新型农业经营主体中的主导地位》，载于《光明日报》2014年4月23日。

[27] 郭熙保等：《破解我国农地产权制度改革难题的新思路》，载于《学习与探索》2019年第6期。

[28] 韩长赋：《中国现代化进程中的三农问题》，中国农业出版社2011年版。

[29] 韩俊：《跨世纪的难题：中国农业劳动力转移》，山西经济出版社1994年版。

[30] 韩俊：《社会主义新农村该怎么建》，载于《经济日报》2005年12月7日。

[31] 韩俊、何宇鹏：《新型城镇化与农民工市民化》，中国工人出版社2014年版。

[32] 何传启：《中国现代化报告2012——农业现代化研究》，北京大学出版社2012年版。

[33] 贺雪峰：《城市化的中国道路》，东方出版社2014年版。

[34] 贺雪峰：《地权的逻辑——中国农村土地制度向何处去》，中国政法大学出版社2010年版。

[35] 贺雪峰：《地权的逻辑Ⅱ——地权变革的真相与谬误》，东方出版社2013年版。

[36] 贺雪峰：《小农立场》，中国政法大学出版社2013年版。

[37] 华生：《城市化转型与土地陷阱》，东方出版社2013年版。

[38] 黄祖辉：《中国三农问题解析：理论述评与研究展望》，浙江大学出版社 2014 年版。

[39] 黄祖辉：《转型、发展与制度变革：中国"三农"问题研究》，上海人民出版社 2008 年版。

[40] 黄祖辉等：《我国土地制度与社会经济协调发展研究》，经济科学出版社 2010 年版。

[41] 蒋永穆：《中国农村改革四十年：回顾与经验》，四川大学出版社 2018 年版。

[42] 经济茶座：《温铁军秦晖谈中国农村土地私有制》，中国经济学教育科研网，2004 年 1 月 18 日。

[43] 李昌平：《土地私有化不是灵丹妙药》，载于《东方早报》2010 年 3 月 1 日。

[44] 李昌平：《我向总理说实话》，光明日报社 2002 年版。

[45] 李乾元：《第三个春天——中国农业的合作之路》，人民出版社 2011 年。

[46] 李伟：《中国特色农业现代化道路研究》，中国发展出版社 2012 年版。

[47] 李再杨：《土地制度变迁的比较研究》，载于《当代经济科学》1999 年第 5 期。

[48] 李佐军：《中国的根本问题：九亿农民何处去》，中国发展出版社 2000 年版。

[49] 林善浪：《中国农村土地制度与效率与效率研究》，经济科学出版社 1999 年版。

[50] 林毅夫：《再论制度、技术与中国农业发展》，北京大学出版社1999年版。

[51] 林毅夫：《制度、技术和中国农业发展》，上海人民出版社、上海三联出版社1993年版。

[52] 刘斌等：《中国三农问题报告》，中国发展出版社2005年版。

[53] 刘守英：《直面中国土地问题》，中国发展出版社2014年版。

[54] 刘正山：《大国地权：中国五千年土地制度变革史》，华中科技大学出版社2014年版。

[55] 陆学艺：《"三农论"——当代中国农业、农村、农民研究》，社会科学文献出版社2002年版。

[56] 罗必良：《中国农业产业组织：演化、比较与创新：基于分工维度的制度经济学研究》，中国经济出版社2002年版。

[57] 罗必良：《中国农业经营制度：理论框架、变迁逻辑及案例解读》，中国农业出版社2014年版。

[58] 毛育刚：《中国农业演变之探索》，社会科学文献出版社2001年版。

[59]《毛泽东选集》（1~5卷），人民出版社1991年版、1977年版。

[60] 茅于轼：《恢复农民对土地财产的所有权》，载于《建设市场报》2009年2月16日。

[61] 茆荣华：《我国农村集体土地流转制度研究》，北京大学出版社2010年版。

[62] 钱忠好：《中国农村土地制度变迁和创新研究》，中国农业出版社1999年版。

[63] 秦晖：《"优化配置"？"土地福利"？——关于农村土地制度的思考》，载于《新财经》2001年第9期。

[64] 秦晖：《关于农村土地制度的思考》，载于《经济观察报》2004年11月13日。

[65] 秦晖：《农民地权六论》，载于《社会科学论坛》2007年第9期。

[66] 秦晖：《十字路口的中国二元土地制度》，载于《读品》2010年8月22日。

[67] 秦晖：《十字路口的中国土地制度改革》，载于《南方都市报》2008年10月8日。

[68] 秦晖：《中国土地制度改革的若干问题》，传知行，2010年12月19日。

[69] 曲福田：《中国工业化、城镇化进程中的农村土地问题研究》，经济科学出版社2010年版。

[70] 屈锡华等：《战旗村变迁记实录》，四川大学出版社2014年版。

[71] 阮文彪：《中国农业家庭经营制度——理论检视与创新设计》，中国经济出版社2005年版。

[72] 邵传林：《农村土地私有化是解决"三农问题"的灵丹妙药吗？》，载于《经济学动态》2009年第9期。

[73] 史翼：《"冰棍论"变种——秦晖土地私有化理论的批判》，马克思主义评论网，2010年12月20日。

[74] 孙中山：《三民主义》，九州出版社2012年版。

[75] 田永胜：《中国之重——32位权威人士解读"三农"问题》，光明日报出版社2005年版。

[76] 汪晖、陶然：《中国土地制度改革：难点、突破与政策组合》，商务印书馆 2013 年版。

[77] 王宏甲：《塘约道路》，人民出版社 2017 年版。

[78] 王宏甲：《无极之路》（全本），中国人民大学出版社 2012 年版。

[79] 王世元：《新型城镇化之土地制度改革路径》，中国大地出版社 2014 年版。

[80] 王伟等：《中国农民专业合作社研究》，山东人民出版社 2015 年版。

[81] 温铁军：《"土地私有化"不是中国农村的未来方向》，载于《环球企业家》2008 年第 13 期。

[82] 温铁军：《我国为什么不能实行农村土地私有化》，载于《红旗文稿》2009 年第 2 期。

[83] 温铁军：《中国农村基本经济制度研究："三农"问题的世纪反思》，中国经济出版社 2000 年版。

[84] 温铁军、杨帅：《"三农"与"三治"》，中国人民大学出版社 2016 年版。

[85] 文贯中：《解决三农问题不能回避农地私有化》，中国经济学教育科研网，2006 年 5 月 22 日。

[86] 文贯中：《土地私有化才符合经济规律》，载于《经济观察报》2008 年 6 月 21 日。

[87] 文贯中：《吾民无地：城市化、土地制度、与户籍制度的内在逻辑》，东方出版社 2014 年版。

[88] 文贯中：《现行土地制度已成中国现代转型的桎梏》，载于《东

方早报》2012年1月18日。

［89］文贯中：《中国应实行土地私有化》，载于《亚布力观点》2008年11月6日。

［90］文礼朋：《19世纪末20世纪初西方国家农业资本主义的失败》，载于《发展经济学论坛》2006年第1期。

［91］文礼朋：《近现代英国农业资本主义的兴衰——农业与农民现代化的再探讨》，中央编译出版社2013年版。

［92］《习近平关于"三农"工作论述摘编》，中央文献出版社2019年版。

［93］尹成杰：《"三化"同步发展：在工业化、城镇化深入发展中同步推进农业现代化》，中国农业出版社2012年版。

［94］张路雄：《耕者有其田——中国耕地制度的现实与逻辑》，中国政法大学出版社2012年版。

［95］张培刚、廖丹清：《二十世纪中国粮食经济》，华中科技大学出版社2002年版。

［96］张曙光：《博弈：地权的细分、实施和保护》，社会科学文献出版社2011年版。

［97］张曙光：《中国城市化道路的是非功过》，载于《学术月刊》2015年第7期。

［98］张晓山：《中国农村改革与发展概论》，中国社会科学出版社2010年版。

［99］张晓山：《中国农村新型合作组织探析》，经济管理出版社1998年版。

[100] 张晓山、李周:《新中国农村 60 年的发展与变迁》,人民出版社 2009 年版。

[101] 赵智奎:《史来贺精神与刘庄村之路》,社会科学文献出版社 2013 年版。

[102] 郑风田:《我国现行土地制度的产权残缺与新型农地制度构想》,载于《管理世界》1995 年第 4 期。

[103]《中共中央、国务院关于推进社会主义新农村建设的若干意见》,载于《人民日报》2006 年 2 月 22 日。

[104]《中共中央关于推进农村改革发展若干重大问题的决定》,载于《人民日报》2008 年 10 月 20 日。

[105]《中共中央国务院关于坚持农业农村优先发展做好"三农"工作的若干意见》,载于《人民日报》2019 年 2 月 20 日。

[106]《中共中央国务院关于深入推进农业供给侧结构性改革加快培育农业农村发展新动能的若干意见》,载于《人民日报》2017 年 2 月 6 日。

[107] 中国社会科学院农村发展研究所宏观经济研究室:《农村土地制度改革:国际比较研究》,社会科学出版社 2009 年版。

[108] 钟水映:《中国工业化和城市化过程中的农地非农化》,山东人民出版社 2009 年版。

[109] 周其仁:《城乡中国》(上、下),中信出版社 2013 年版、2014 年版。

[110] 周其仁:《农地产权与征地制度——中国城市化面临的重大选择》,载于《经济学季刊》2004 年第 4 期。

# 图书在版编目（CIP）数据

中国农地制度和农业经营方式创新研究/简新华著.
—北京：经济科学出版社，2020.7
ISBN 978-7-5218-1725-6

Ⅰ.①中⋯ Ⅱ.①简⋯ Ⅲ.①农地制度－研究－中国
②农业经营－经营方式－研究－中国 Ⅳ.F321.1

中国版本图书馆 CIP 数据核字（2020）第 126958 号

责任编辑：齐伟娜　赵　蕾
责任校对：王肖楠
技术编辑：李　鹏　范　艳

## 中国农地制度和农业经营方式创新研究
简新华　著

经济科学出版社出版、发行　新华书店经销
社址：北京市海淀区阜成路甲 28 号　邮编：100142
总编部电话：010-88191217　发行部电话：010-88191540
网址：www.esp.com.cn
电子邮箱：esp@esp.com.cn
天猫网店：经济科学出版社旗舰店
网址：http://jjkxcbs.tmall.com
北京季蜂印刷有限公司印装
710×1000　16 开　11 印张　110000 字
2020 年 9 月第 1 版　2020 年 9 月第 1 次印刷
ISBN 978-7-5218-1725-6　定价：42.00 元
（图书出现印装问题，本社负责调换。电话：010-88191510）
（版权所有　侵权必究　打击盗版　举报热线：010-88191661
QQ：2242791300　营销中心电话：010-88191537
电子邮箱：dbts@esp.com.cn）